AF317356

GASTON DESCHAMPS
DÉPUTÉ

LA SOMME DÉVASTÉE

Avec 8 planches hors texte.

L'église de Liancourt.

LIBRAIRIE FÉLIX ALCAN

LA SOMME DÉVASTÉE

COLLECTION « LA FRANCE DÉVASTÉE »

Dirigée par M. Gabriel LOUIS-JARAY

Série I : LES RÉGIONS

GASTON DESCHAMPS

DÉPUTÉ

LA SOMME DÉVASTÉE

Avec 8 planches hors texte.

PARIS

LIBRAIRIE FÉLIX ALCAN

108, BOULEVARD SAINT-GERMAIN, VI°.

1921

LA
SOMME DÉVASTÉE

I

LES INVASIONS GERMANIQUES

La race allemande semble être née pour la déprédation méthodique, pour le carnage organisé, pour
le brigandage en bande et pour le pillage à main
armée. Du plus loin que nous apercevons les Allemands, dans le recul de l'histoire, ils nous apparaissent comme des gens avides du bien d'autrui,
prompts à s'emparer de ce qui ne leur appartient
pas, toujours prêts à se débarrasser des légitimes
propriétaires d'un domaine, pour ravager ou saisir
les propriétés qui ont tenté leur fureur de rapine et
leur appétit de dévastation.

Sur ce caractère originel de la race à laquelle nos
soldats victorieux ont infligé une défaite qui la
réduit à l'impuissance et la mettra (pour combien
de temps ?) hors d'état de nuire, les témoignages
sont aussi unanimes que probants. Les fondateurs
de l'humanisme européen ont toujours vu dans les
Allemands les ennemis-nés de la civilisation. Un
historien-soldat, Ammien Marcellin, Grec d'Antioche,

qui servit sous les aigles romaines en Italie, en Gaule, en Orient, au quatrième siècle de l'ère chrétienne, et qui, pour son malheur, a connu beaucoup d'Allemands, les considérait comme les pires ennemis de l'empire romain et de la paix latine : *Alamannos hostes totius orbis romani.*

Groupés, en effet, par le mouvement des anciennes migrations, aux abords des Vosges et de la Forêt Noire, au grand carrefour des routes naturelles qui suivent les vallées du Rhin et du Danube, ces Barbares étaient en situation de pouvoir inquiéter par leurs incursions incessantes toute l'Europe civilisée. Trois siècles durant, on les voit courir du Nord au Sud et de l'Est à l'Ouest, toujours en quête d'une proie à saisir, d'un sol à bouleverser, d'une construction à démolir, d'une société à disloquer, d'un bonheur à détruire, d'un crime à commettre. Si les bourgades celtiques, les cités gallo-romaines et même les acropoles byzantines, postées aux frontières occidentales de l'empire d'Orient, sont étroitement resserrées dans une enceinte de fortifications vite improvisées avec des matériaux empruntés aux débris des monuments antiques, c'est que la terreur, propagée au loin par la menace permanente des invasions tudesques, obligea les populations des plus riantes contrées à prendre les plus rigoureuses précautions de sécurité individuelle et collective. Il n'y a pas d'existence humainement possible dans le voisinage des Allemands, si l'on n'a pas su dompter, par des moyens appropriés aux circonstances, leur instinct d'entreprises violentes et de meurtrière agression. Sur les affreuses misères de ces temps reculés, qui semblent maintenant, hélas ! tout près de notre époque tragique, les pierres calcinées, encore éparses dans les profondeurs de notre sol, et découvertes par la pioche de nos chercheurs, sont là pour nous renseigner et pour nous avertir, en même temps que les parchemins sauvés d'un effroyable désastre et conservés dans les bibliothèques des savants.

La science, que les Allemands auraient voulu détourner de ses fins idéales et réduire à un rôle humiliant de servante ou de vassale d'une équipe de reîtres ardents à la curée et de pédants acharnés à une besogne de mensonge, conformément à la tradition d'une race dont un historien romain a marqué toute la perfidie, *natum mendacio genus*, la science s'est chargée, çà et là, d'évoquer à nos yeux le tableau des scènes infernales où la civilisation, mal défendue par les faibles successeurs de l'empereur Théodose, a failli sombrer tout entière, comme en un vertigineux cauchemar. Lorsque les textes, tronqués par des lacérations brutales, cessent de nous retracer les annales de la misère publique et de la souffrance particulière en ces années douloureuses, voici que les cendres des villes brûlées nous disent, du fond des tranchées que creusent les archéologues, tout ce qu'on a souffert jadis aux régions dévastées où Reims démoli, Amiens en ruines, Arras en lambeaux, Strasbourg en détresse, Besançon même et Autun attendirent si longtemps la venue des reconstructeurs. De l'enceinte fortifiée d'Autun, il ne reste plus que deux portes monumentales, flanquées de deux tours dont les maçonneries ébréchées attestent l'importance de la cité gallo-romaine à qui la faveur d'Auguste avait valu le nom d'*Augustodunum*. Lorsque les fouilles du Champ de Mars de Besançon refusent de nous livrer des monnaies postérieures à l'époque de l'empereur franc Magnence, cela veut dire qu'à partir du quatrième siècle, le fléau des invasions germaniques a vidé le marché prospère où la corporation des nautoniers du Rhône, de la Saône et du Doubs apportaient leurs cargaisons de bétail, de lainages et de grains. Lorsque les recherches archéologiques nous révèlent, au voisinage de nos marches de l'Est, le bastionnement ou le camouflage de la villa gallo-romaine, transformée en réduit ou en blockhaus, barricadée précipitamment par une espèce de rempart de fortune, blindée avec des stèles funéraires et des sarcophages sculptés, c'est un signe que les habitants de cette élégante demeure, ornée, comme les maisons de Pompéi, par l'art des peintres et des poètes, ont péri dans une irréparable catastrophe, sous les coups des Barbares d'outre-Rhin, comme ont péri, plus récemment, dans la Somme, à Beaumont-Hamel, à Chaulnes, à Épénancourt, à Albert, à Bazentin, à Roisel, à Matigny, à Péronne, à Rouy-le-Grand et Rouy-le-Petit, à Hombleux, à Voyennes, à Pœuilly, à Ham, à Champien, à Curchy, à Beuvraignes, à Estouilly, à Nesle, à Tertry, à Driencourt, à Ercheu, à Tincourt-Boucly, et sur tous les autres points du territoire de notre Picardie dévastée, les innombrables victimes des Allemands d'aujourd'hui.

Ne soyons donc pas surpris de les retrouver, hélas! en 1914, sur les bords de la Somme. Dans le pays d'Amiens, sur le sol fertile de notre Picardie, si profondément française, ils suivent l'instinct héréditaire de leur race et la route naturelle de leurs anciennes invasions. Chez nous, le mot guerre signifie défense (*wehr*). Pour eux, la guerre (*krieg*) est une opération de rapine, de meurtre et de dévastation.

Sans remonter jusqu'au plus lointain passé, souvenons-nous d'un temps où déjà les Allemands étaient à Noyon. C'était en 1557. Ils ravageaient toute la Picardie. Le burgrave Philippe zu Eberstein, vieux mercenaire, était gouverneur de Saint-Quentin, commandant de dix compagnies de lansquenets et pillard professionnel. Avec lui, dans cette même ville, destinée à tant de désastres renouvelés de siècle en siècle, un nommé Claus von Hatstatt commandait un régiment d'environ trois mille Boches, toujours prêts à saccager les boutiques des marchands. L'un des plus graves témoins de ces horribles scènes, un Anglais, le comte de Bedford, écrivant à sir William Cecil, le 3 septembre 1557, rapporte que les reîtres noirs (*the Swartzrollers*) coutumiers du fait, ont commis les plus effroyables atrocités. « Ils ont, dit-il, fait preuve d'une telle cruauté, que jamais la soif du pillage n'a inspiré autant d'horreurs : la ville, incendiée par eux, est réduite en cendres sur une grande surface... Nombre d'habitants furent brûlés vifs dans les caves... Les femmes et les enfants poussaient de si lamentables cris de détresse, que pas un cœur chrétien n'aurait pu les entendre sans angoisse... « *They have now showed such cruelty, as the like hath not been for greediness ; the town by them was set a-fire, and a great piece of it burnt ; divers were brent in cellars... Women and children gave such pitiful cries, that it would grieve any christian heart...* » Accablant témoignage qui, sous la plume d'un honnête homme, dans le vieux langage des précurseurs de Shakespeare, laissait déjà couler, en toute effusion de pitié, ce que le grand poète du *Songe d'une nuit d'été* devait appeler bientôt « le lait de la tendresse humaine ». L'inhumanité naturelle des Allemands s'obstinait, en plein renouveau de l'humanisme, à perpétuer l'horreur d'un sombre cauchemar. Le *gentleman* anglais, le gentilhomme français ne pouvaient que répugner aux faits et gestes de ces Barbares d'outre-Rhin qui, trois siècles avant la venue de leur Nietzsche, se croyaient déjà des surhommes. Un des plus affreux ravageurs des rives de la Somme, ce Claus von Hatstatt, dont nous avons inscrit plus haut le nom, trop oublié des historiens français, a révélé, dans un manuscrit que possède aujourd'hui la bibliothèque de l'université de Bâle, les noms des aventuriers sinistres dont il fut le compagnon de rapine. C'étaient des hobereaux de lignée ancienne, tels que le chef des cavaliers à grands manteaux, le fanatique luthérien, Ernst, duc de Brunswick, ses deux frères et son cousin, le duc Erich, enragé, celui-là, contre les protestants, personnage particulièrement habile à extorquer de grosses sommes aux prisonniers qu'il faisait ramasser par ses chevau-légers et mettre aux fers afin de mieux les rançonner lui-même. C'était aussi Gunther le Belliqueux, landgrave de Schwarzburg, docteur de l'université d'Erfurt, chef des rittmestres d'un corps d'arquebusiers à cheval, que les racoleurs du kaiser Charles-Quint avaient recrutés en Saxe. C'étaient enfin d'autres seigneurs de moindre importance, mais non moins féroces, tels que le borgne Georg von Holl, qui avait perdu un œil, cinq ans auparavant, dans sa première campagne de Picardie, au siège de la place de Thérouanne, prise par les Impériaux et démolie de fond en comble : ce Teuton était un type de coquin fieffé, toujours à vendre, se battant pour qui le payait, appartenant toujours

au dernier et au plus fort enchérisseur, retirant de
son lucratif métier des monceaux de doublons et
de rixdales qu'il entassait dans les casemates de
son burg d'Himmelreich, près de Minden en Westphalie, où il mourut d'apoplexie en l'an 1576, pen-
sionné jusqu'à la fin par les ducs de Brunswick et
par l'électeur de Saxe, dont il connaissait tous les
secrets. Parmi les autres Allemands qui, trois cent
cinquante-sept ans avant les « colonels généraux »
von Kluck et von Bulow, ont ravagé les rives de la
Somme, on distinguait encore le Bavarois Konrad
von Bemelberg, chef d'une troupe de lansquenets.
Il y avait aussi le colonel souabe von Schwendi,
désigné pour mener ses bandes par escalade à
l'assaut des villes bombardées, battues en brèche
furieusement par le tir des gros canons de siège,
des couleuvrines et des fauconneaux. Celui-là, comme
les autres, reconnaît, non sans vantardise, dans un
manuscrit conservé aux archives de l'État belge,
et que les Boches d'aujourdhui, toujours complices
des Boches d'autrefois, auraient bien voulu pouvoir
déchirer, comme un simple chiffon de papier, les
vols et les meurtres dont ses soldats se sont rendus coupables. L'auteur allemand d'une relation,
écrite sous la dictée des bénéficiaires de ce grand
pillage, imprimée en 1557, par Jean Weygel, à
Nuremberg, atteste les atrocités commises par les
Boches, dans le pays où l'un des plus graves
témoins de ces scènes d'invasion fut maître Gérard
Cauvin, bourgeois de Noyon, notaire apostolique,
procureur fiscal du comté, scribe en cour d'Eglise,
secrétaire de l'évêché, promoteur du chapitre cathé-
dral, père du célèbre Jean Calvin.

« L'incendie de Noyon est complètement terminé »,

disait le général en chef de l'armée d'invasion dans une lettre datée de Ham, le 20 octobre 1557. Le même incendiaire écrivait, le 6 novembre de la même année : « Pour Chauny, il n'y a pas moyen de l'occuper; aussi le ferai-je sauter et brûler. » Et, le 18 novembre suivant, ce précurseur d'Hindenburg et de Ludendorff disait : « La dévastation s'est bien faite. » On voit que la méthode n'est pas nouvelle, et n'a rien, hélas ! qui ait pu surprendre les malheureux habitants de la Somme dévastée. Elle fait partie des plus anciennes traditions de la race germanique. Les Boches n'ont jamais cessé d'obéir au mot d'ordre que le prince Frédéric-Charles de Prusse donnait à ses troupes, en 1870, dans une proclamation que les Français ne doivent pas oublier : « Soldats allemands ! Marchons, pour partager cette terre impie ! Le monde ne peut rester en paix tant qu'il existera un peuple français... Qu'on le divise en petites parties. Ils se déchireront entre eux. Mais l'Europe sera tranquille pour des siècles. » Tel est le programme inauguré en des temps très anciens par les premières invasions germaniques, repris par l'invasion de 1536, par l'invasion de 1557, par l'invasion de 1636, par l'invasion de 1792, par l'invasion de 1814 et de 1815, par l'invasion de l'Année terrible, continué enfin, avec de formidables moyens de dévastation et de carnage, par les envahisseurs de 1914, en route, une fois de plus, pour « la guerre fraîche et joyeuse », *frischer, fröhlicher Krieg...*

II

PÉRONNE EN 1914.

C'est dans la soirée du 25 août 1914, que les habitants de Péronne virent arriver, une fois de plus, les Allemands, précédés par l'exode d'une population que terrorisait un système de cruautés méthodiquement organisées, sous la haute inspiration du Kaiser, selon les directives du grand état-major de Berlin.

Un des guerriers du « colonel général » von Kluck, le fusilier Fahlenstein, du 34ᵉ régiment (IIᵉ corps de l'armée allemande) a inscrit sur son carnet de campagne le récit des massacres commis par ses camarades, ce même jour, dans l'arrondissement de Péronne, aux environs de Moislains. Voici le texte et la traduction de ce document, qui nous peint, en traits saisissants, une indicible scène d'horreur, l'achèvement des blessés français sur le champ de bataille :

Da lagen sie haufenweise 8 bis 10 Verwundete und Tote immer aufeinander. Die nun noch gehen konnten wurden gefangen und mitgenommen. Die schwerverwundeten, die einen Kopfschuss oder Lungenschuss u. s. w. hatten, und nicht mehr aufkonnten, bekamen denn noch eine Kugel zu dass ihr

Leben ein Ende hatte. Das ist uns ja auch befohlen worden.

On refuserait d'admettre la réalité ou même la possibilité d'un pareil crime, si l'on n'avait sous les yeux ce témoignage authentique, dont voici la traduction :

« Il y avait là huit à dix blessés ou morts, entassés les uns sur les autres. Ceux qui pouvaient encore marcher furent faits prisonniers et emmenés. Les grands blessés, ceux qui étaient atteints à la tête, aux poumons, etc., et ne pouvaient plus se relever, furent achevés d'une balle : *c'est l'ordre qui nous a été donné.* »

On sait que, sur toute la ligne de l'immense front de bataille, en ces heures terribles, un ordre barbare fut transmis de brigade en brigade, à travers toute l'armée allemande, avec une sorte d'automatisme féroce et meurtrier. Le général Stenger, commandant la 58º brigade (112º et 142º régiments d'infanterie), dans le XIVº corps de l'armée allemande, a signé, le 26 août 1914, l'ordre de massacrer les prisonniers et d'achever les blessés. Cet ordre était ainsi conçu :

a) A partir d'aujourd'hui, il ne sera plus fait de prisonniers.

Tous les prisonniers, blessés ou non, doivent être abattus.

b) Tous les prisonniers, les blessés, armés ou non, seront massacrés. Même les hommes capturés en grandes unités seront massacrés.

Tandis que cet ordre était mis à exécution par les subordonnés de Stenger, notamment par le lieutenant Laule, du 112º, par les capitaines Schroeder, Curtius, Mayer, par le commandant Muller, du

même régiment, un autre général allemand, dont
nous ignorons encore le nom, et qui commanda la
3º division d'infanterie (34º fusiliers et 2º régiment
de grenadiers) dans le IIº corps de l'armée allemande, massacrait dix-sept prisonniers français
près de Moislains (Somme) après avoir indiqué ses
directives à sa troupe, dans les termes suivants :
« Pillage et incendie du village. Toute la horde
française doit crever. »

Notre 308º d'infanterie a particulièrement souffert
de ces atrocités. Un soldat de ce régiment, Jules
Armagnac, âgé de trente ans, appartenant à la
23º compagnie (capitaine Avril de Lenclos), gisait
dans l'herbe, blessé d'un éclat d'obus à l'épaule
droite, perdant son sang par sa plaie et aussi par
la bouche, lorsqu'il entendit venir les tirailleurs
allemands. Ceux-ci criaient de toutes leurs forces :
Franzose, Kapout ! Aussitôt, ils tirèrent sur lui et
sur d'autres blessés qui se trouvaient tout près de
là. Il fut atteint d'une balle qui lui traversa le flanc
gauche. Echappé par miracle à ce carnage, il a vu
un de ses camarades, le caporal Delpech, blessé à
la main, recevoir, à bout portant, un coup de fusil
qui l'acheva. Dans la soirée du 29 août, près de
Proyart, à une vingtaine de kilomètres de Péronne,
un jeune soldat de notre 60º régiment d'infanterie
(27º brigade, 14º division, 7º corps d'armée),
nommé Paulin Calamel, âgé de ving et un ans, était
étendu à terre, blessé à la jambe gauche d'un éclat
d'obus. Entendant venir les Allemands, il eut l'idée
de faire le mort. Bien lui en prit. Car il put voir dis-
tinctement, à quatre mètres de l'endroit où il gisait,
deux soldats de l'armée du Kaiser achever, à coups
de crosse sur la tempe, un blessé français. Ce

meurtre aussi lâche qu'atroce fut commis vers
10 heures du soir, sous les étoiles d'une nuit claire.
Le blessé n'avait point d'armes, et criait vainement
pour apitoyer ses ignobles bourreaux. Quelques
jours après, sur la route de Mametz à Fricourt
(Somme), le major Cesar, commandant le 111e régiment d'infanterie allemande, fit fusiller, sous ses
yeux, un prisonnier français. Ce malheureux, après
la troisième salve, n'étant encore que blessé, mon-
trait à l'officier boche, pour l'attendrir, une photo-
graphie de sa femme et de ses trois enfants. L'Allemand ne voulut rien voir ni comprendre ni sentir.
Il hurla l'ordre d'achever sa victime par un quatrième feu de peloton !...

Ainsi environnée par les horreurs d'une guerre
que la méthode allemande avait exaspérée jusqu'à
en faire un cauchemar infernal, la malheureuse cité
de Péronne, souvent exposée, hélas! aux brutalités
germaniques, se trouvant sur la route des grandes
invasions, pouvait s'attendre, cette fois plus que
jamais, aux pires catastrophes. L'entrée de l'ennemi
dans Péronne fut retardée, le plus longtemps possible, par le dévouement des chasseurs alpins,
merveilleux soldats, toujours prêts au suprême
sacrifice, sans cesse placés à l'avant-garde pendant
les attaques, à l'arrière-garde pendant les retraites.
La retraite des forces franco-britanniques, ébran-
lées par le choc de Charleroi, suivait son cours, un
instant arrêté et retardé par l'heureuse affaire de
Guise, où le Xe corps allemand et la garde prussienne cédèrent devant une vigoureuse contre-offen-
sive, victorieusement menée par le général Lanre-
zac, dont le mouvement hardi et prudent eut des
répercussions profondes sur les événements pré-

curseurs de la victoire de la Marne. Comme d'habitude, les Allemands, munis d'artillerie lourde, pourvus de projectiles de gros calibre, annoncèrent leur approche en bombardant Péronne, ville ouverte. Un obus énorme éclata dans le faubourg de Bretagne, tuant une jeune femme, blessant son plus jeune frère et sa petite sœur, ainsi que leur mère, tandis qu'au milieu de cette scène d'épouvante, une autre sœur de la première victime mourait de saisissement.

Dans l'après-midi du 28 août, on vit des cavaliers de notre 32e régiment de dragons traverser Péronne au trot de leurs chevaux fatigués. Il n'y avait point d'artillerie pour protéger la ville menacée. Nos dragons furent obligés de se replier devant des forces qui étaient supérieures non seulement par un nombre sans cesse accru, mais aussi par un armement formidable. L'ennemi occupait le bois de Rocogne, à l'est de la ville, à l'entrée du faubourg de Bretagne, et tentait, selon sa coutume, une manœuvre enveloppante (toujours la manœuvre de Sedan), afin d'encercler nos troupes en retraite vers les ponts de la Somme. C'est grâce à l'effort suprême et au sacrifice héroïque des chasseurs alpins, que cette retraite ne fut pas coupée. Il y aurait grand intérêt à rappeler ce qu'ont fait les alpins à Péronne, opposant à l'ennemi, pendant ces journées tragiques, leur vaillance, accablée, hélas ! par la puissance matérielle de l'ennemi. Si dans cet endroit, comme sur d'autres points du front de bataille, ils furent décimés par l'écrasante supériorité du nombre et du matériel, du moins ils ont sauvé l'honneur, ils ont inscrit des titres nouveaux sur une des plus belles pages du Livre d'Or de la prouesse française. Ensuite, tout se passa, par ordre d'Alexander von Kluck, conformément aux principes du « manuel de guerre », élaboré dans les bureaux du grand état-major allemand et enseigné par les professeurs de la *Kriegsakademie* à tous les officiers du Kaiser. Ce fut d'abord une ruée méthodique de forcenés et de furieux, se précipitant à travers la ville, proférant à plein gosier, d'une voix gutturale, les cris prévus par le règlement, et tirant des coups de fusil dans les fenêtres, afin de provoquer des ripostes et de trouver ainsi un prétexte pour des représailles sanglantes. Un pauvre épileptique, mendiant de son état, qui traversait la place du Marché-aux-Herbes, tomba foudroyé par cette fusillade. Puis, l'avant-garde allemande, ayant arboré, sur la façade de l'hôtel de ville, le drapeau de l'empire germanique, procéda, par ordre supérieur, à quelques opérations incendiaires. On vit une équipe spéciale arroser de pétrole, avec des pompes automobiles, l'hôtel de la sous-préfecture, et lancer des grenades, pour activer le feu, sur les murs et sur les toits. La flamme se communiqua aux maisons voisines, et la place de la sous-préfecture ne fut bientôt plus qu'un vaste brasier.

La kommandantur fit également brûler, à grand renfort de produits chimiques, plusieurs immeubles de la rue Saint-Furcy, de la rue Crinon, de la rue Mollerue. Plus loin, la sucrerie Dropsy et Cie, au faubourg Saint-Denis, la maison Cardon et la maison Roussel, marquées pour des représailles, sous des prétextes divers, subirent le même sort. C'est ainsi qu'une trentaine de maisons furent anéanties dans une seule soirée. En même temps, les Allemands se ruaient sur les boutiques fermées, enfonçaient les

devantures à coups de crosse, s'emparaient de tout
ce qui leur tombait sous la main, déménageaient
les mobiliers.

Le lendemain, samedi, 29 août 1914, ils exigèrent
qu'une commission administrative, composée
d'otages, se mit au travail, afin de pourvoir aux
premières réquisitions. En même temps, la kommandantur réclamait, comme otages supplémen-
taires, M. Tabary, ancien banquier, M. Dinot, bras-
seur, M. Ponchart, rentier, M. Lainé, coiffeur.

Pendant les jours suivants, le pillage continua.
Le magasin de M. Devillers, horloger-bijoutier,
reçut la visite des pillards, qui firent main basse
sur les objets précieux que possédait cet honorable
commerçant.

Le lundi, 7 septembre 1914, le colonel allemand,
chef de la kommandantur, ayant exigé de nouveaux otages, la commission administrative fit
afficher l'avis suivant :

HABITANTS DE PÉRONNE

« *De nouveaux otages ont été exigés par l'autorité
militaire allemande.*

« *MM. Drapier, H. Greisch, Potel et l'abbé Victor
se sont offerts comme otages.*

« *Ils répondent, sur leur vie, du calme de la population.*

« *Nous invitons instamment nos concitoyens à
s'abstenir, comme ils l'ont fait jusqu'ici, de toute
manifestation et de tout acte qui pourrait être inter-*

prêté comme un acte d'hostilité entraînant les plus terribles conséquences. »

Les Administrateurs.

Vu :

Le commandant de place.

On pouvait tout craindre de ce commandant de place. Dressé par les atroces disciplines qui ont façonné d'avance au meurtre, à l'incendie, à la dévastation les plus hauts chefs de l'armée allemande, un Deimling, par exemple, ravageur de Raon-l'Etape et d'Allarmont, un Rupprecht, prince héritier de Bavière, responsable des carnages de Nomény, de Deuxville, de Gerbéviller, de Cambrai, un von der Marwitz, fusilleur des habitants de Visé, en Belgique, et de Laventie, dans notre département du Pas-de-Calais, le colonel allemand, commandant de la place de Péronne, était un disciple obscur de ces maîtres illustres. D'autant plus zélé qu'il était moins notoire, et qu'il avait à faire ses preuves pour obtenir de l'avancement, ce terroriste, voulant étendre sa tyrannie à toutes les communes des environs de Péronne, fit poser sur les façades des mairies cette affiche menaçante :

AUX HABITANTS

« Vous ne devez pas oublier qu'il est absolument nécessaire que l'ordre le plus complet règne dans la commune, car la situation est très grave.

« Les mesures les plus rigoureuses seront appliquées par l'autorité militaire allemande aux perturbateurs de l'ordre.

Cliché Service Photographique de l'Armée.

Péronne.

« *Si des actes d'hostilité sont commis, et surtout si des coups de feu sont tirés, la commune sera incendiée.*

« *Toutes personnes suspectes devront être immédiatement signalées à l'autorité allemande, afin d'éviter les conséquences les plus terribles pour la commune* ».

Le commandant de la place de Péronne.

On voit que ce colonel allemand, très docile aux théories enseignées par les professeurs bottés de la *Kriegsakademie* de Berlin, cherchait à provoquer, chez les infortunés habitants des communes envahies, la délation et l'espionnage. Il fut obligé d'ailleurs de quitter Péronne, avec les reîtres de son escorte, le 12 septembre, au soir. Ce jour-là, les autos de l'état-major allemand arrivaient de toutes parts, en quatrième vitesse, et stoppaient fiévreusement devant l'hôtel de ville, tandis que les officiers amenés par ces véhicules, procédaient à divers déménagements hâtifs. Le mardi, 15 septembre, à 6 heures du matin, il restait encore des patrouilles ennemies au faubourg de Bretagne. Mais, vers 10 heures, on apprit que les Français étaient à Barleux, puis à la Chapelette, et qu'ils se dirigeaient vers la rue Saint-Furcy par le faubourg de Paris. A 11 heures et demie, deux dragons de l'avant-garde française apparaissaient sur la place de l'Hôtel-de-Ville, tandis que les derniers cyclistes de l'arrière-garde allemande tiraient, çà et là, des coups de feu. La victoire de la Marne délivrait Péronne après dix-neuf jours d'occupation. Hélas ! ce n'était pas fini.

G. DESCHAMPS.   2

III

LES BOCHES A MOISLAINS, A MAUCOURT,
A LIANCOURT-FOSSE, A LAGNY, A HAM

Le chef d'une ambulance allemande installée à
Moislains, dans les bâtiments d'une filature appartenant à M. Schwob, a profité de cette occasion
pour s'approprier, sans façons ni cérémonies, trois
statuettes de Tanagra, provenant de la collection
Lécuyer, et acquises dans une vente par M. Billois,
qui en fit don au musée de Péronne en 1883. A
Proyart, dans le canton de Chaulnes, le maire,
M. Boulenger, a vu, dans sa commune, « pillée
indignement » six ou sept diaconesses, vêtues de
noir, portant une coiffe blanche et un brassard de
la Croix-Rouge, entrer dans les maisons, avec des
soldats, et prendre sans façons « tout ce qui leur
convenait ».

Dans le canton de Rosières-de-Picardie, à Maucourt, c'est l'assassinat immédiat, le geste aveugle
et sourd de la brute meurtrière, organisée, montée
comme une machine à tuer. Le 29 août 1914, vers
trois heures de l'après-midi, plusieurs habitants de
la commune de Maucourt, Jean-Baptiste Hoschedé,
cultivateur, et son fils Gaétan, Alcide Seigneurgens,
cultivateur, âgé d'environ cinquante-huit ans, Marius

Dubois, âgé de soixante-six ans, et Louis Rousselle, âgé de dix-huit ans, sont attablés dans un débit, et prennent le café. C'est à ce moment, que des cyclistes vêtus de gris verdâtre, avant-coureurs des armées du « colonel général » von Kluck, font irruption dans le village. Deux d'entre eux poussent la porte d'entrée du débit. L'un d'eux met son fusil en joue, et vise les inoffensifs consommateurs, en proférant, d'un ton plein de menaces, quelques mots de son inintelligible idiome d'outre-Rhin. Aussitôt, Seigneurgens se lève, et voyant une porte de côté, qui est restée ouverte, essaie de se sauver par cette issue. Le coup part. Une première balle blesse au bras le malheureux Seigneurgens, dont le sang coule. Une nouvelle détonation retentit. La victime, atteinte, cette fois, au flanc, chancelle, parcourt encore une faible distance, s'abat et meurt. Pendant ce temps, le jeune Louis Rousselle, attaqué à coups de pieds par les Boches, avait pu sauter un mur et cherchait à se réfugier dans une grange. Le pauvre enfant est blessé d'un coup de feu. Les Boches, acharnés à sa poursuite, gesticulant et vociférant, organisent une véritable chasse à l'homme. Un coup de sifflet retentit, strident, sinistre, dans le silence lumineux de ce jour d'été tragique. C'est le signal d'une savante manœuvre, où les plus mauvais drôles de la cavalerie prussienne, les uhlans se sont mis courageusement à quinze, sabre au côté, lance à la hanche et revolver au poing, pour vaincre un petit Français désarmé. La grange est cernée. Les bandits veulent y mettre le feu.

— Donne-nous des allumettes ! commande l'un d'eux à Marius Dubois, qui regarde, muet d'horreur, cette scène atroce.

Dubois fait comprendre qu'il n'a pas d'allumettes, et reste cloué au sol par une sorte de stupeur. C'est alors qu'il voit les Allemands massacrer presque à bout portant son camarade. L'infortuné Louis Rousselle reçut de ces fiers guerriers cinq balles dans la tête. Le père Jean-Baptiste Hoschedé qui put mettre en bière, le soir même, son cadavre avec celui d'Alcide Seigneurgens, a constaté que cette malheureuse victime avait la moitié du crâne emportée par le tir forcené de ses assassins.

Cet assassinat méthodique n'était que le prélude affreux des carnages par où les Allemands ont fait couler le sang et les larmes sur le paisible territoire de la commune de Maucourt en Picardie. Le lendemain, dimanche, 30 août, ils avaient quitté le village et s'étaient retirés pour cantonner à Chilly. La plupart des habitants avaient fui. La population était réduite à une quinzaine de personnes, parmi lesquelles Jean-Baptiste Hoschedé, Marius Dubois et quelques autres. Profitant de cette accalmie, le père Hoschedé s'était levé de bon matin et se dirigeait vers la maison de son fils, afin d'en ouvrir les volets, et de la préserver, par là, d'un nouveau pillage, lorsqu'il fut arrêté brusquement par deux fantassins ennemis, qui, d'une voix gutturale et avec des gestes de menace, lui intimèrent l'ordre de ne pas aller plus loin. Ils se cachèrent, ensuite, l'un debout derrière un poteau télégraphique, l'autre baissé derrière une haie, tous deux la main sur la gachette de leurs fusils. Le pauvre homme s'enfuit à travers les jardins, et toutefois se blottit à l'abri d'une touffe, très inquiet, et en même temps désireux de savoir ce qui allait se passer.

Ce fut un guet-apens, organisé à la manière

allemande. On entendit le galop d'un cheval. C'était
un dragon français, qui venait du côté de Chilly,
tenant le milieu de la chaussée, sans défiance. Les
deux Allemands le laissèrent approcher à vingt-
cinq mètres de leur embuscade, et tirèrent ensemble.
Terrifié, le vieillard vit rouler dans la poussière
cheval et cavalier. Celui-ci réussit à se dégager
rapidement du cadavre de la bête. Et blessé, sans
ses armes, restées à sa selle, il s'élança sur la route,
ne voyant pas les deux Allemands qui se laissèrent
dépasser juste assez de temps pour se mettre à sa.
poursuite sans s'exposer au moindre danger. Le
malheureux, perdant son sang à flots, vint s'abattre
au seuil d'une maison, comme s'il eût cherché
instinctivement, dans son agonie, un suprême refuge.
Il n'essaya pas de se relever, et d'ailleurs il n'en
eut pas le temps. Ses deux bourreaux s'acharnèrent,
avec une incroyable férocité, sur son corps meurtri.
A coups de crosse, ils achevèrent sauvagement ce
blessé, ils le frappèrent jusqu'à ce qu'il ne donnât
plus signe de vie. Ensuite, ayant vidé ses poches
et volé notamment son porte-monnaie, ils se sauvè-
rent, à toutes jambes, vers Chilly, afin de rendre
compte à leurs chefs du crime accompli par eux
en conformité des directives du grand état-major
de Berlin. Les quelques habitants qui étaient restés
à Maucourt s'occupèrent alors de rendre les derniers
devoirs à l'homme assassiné. On transporta son
cadavre dans une grange. On trouva sur lui une
lettre que les assassins avaient négligée en volant
le porte-monnaie, et indiquant qu'il était porteur
d'une somme de cent francs. Il s'appelait Paul Biche.
C'était un engagé volontaire. Il repose aujourd'hui
au cimetière de Maucourt. Ce n'était là qu'un

commencement. Revenus à Maucourt, le 25 septembre, les Boches continuèrent cette œuvre de déprédation et de mort. Leur commandant interrogea :

— Combien d'habitants dans le village ?

— Trois cent cinquante.

— A dix francs par habitant, cela fait trois mille cinq cents francs. Si, dans une heure, vous n'avez pas donné la somme, on fusillera tout le monde, et les gens porteurs de monnaie seront fusillés.

Il ajouta, d'une voix rauque :

— Le feu sera mis aux quatre coins du village. On emmènera des otages.

Le boulanger Lombard donna quinze cents francs en or, pour le paiement de la rançon exigée. Le surplus fut versé par d'autres personnes. On ne put obtenir un reçu de la somme ainsi extorquée. D'ailleurs, le paiement de cette rançon n'empêcha pas ce commandant de livrer Maucourt aux soldats du 17° régiment d'infanterie prussienne, qui entrèrent dans les maisons, enfonçant les portes à coups de crosse, saccageant, brisant tout ce qui leur tombait sous la main. Ce régiment, venu de Morhange, occupa ensuite Vermandovillers, le 31 octobre, Lihons et Marchelepot, le 2 novembre 1914. Il a subi de lourdes pertes, infligées surtout par la vaillance de nos « diables bleus ».

Un sergent prussien, armé d'une baïonnette en dents de scie, qu'il tenait au poing, comme un glaive, arrêta l'instituteur de Maucourt, et le remit aux mains d'un lieutenant qui, après avoir fait apprêter les fusils d'un peloton d'exécution, força notre malheureux compatriote, avec trois autres habitants de la commune, à marcher devant les troupes allemandes, alors attaquées par un de nos bataillons de chasseurs alpins. On imagine aisément la joie de ces infortunés, lorsque la victoire de nos chasseurs les délivra de la brutalité de leurs bourreaux.

Dans le canton de Roye, au cours des combats des 24 et 25 septembre 1914, les habitants de la commune de Liancourt-Fosse furent aussi obligés de servir de boucliers vivants aux troupes du Kaiser. Un officier allemand disait à l'un d'eux, M. Edouard Roquancourt, entrepreneur de maçonnerie, âgé de soixante et un ans :

— Tu vas aller dire à tes bons Français qu'ils s'arrêtent de tirer, sinon, tu seras fusillé.

L'honorable témoin, victime de ces grossiers sévices, fut arrêté le 6 octobre 1914. Déporté, dans le grand-duché de Mecklembourg-Schwerin, au camp de Parchim, il y resta prisonnier pendant quatre mois et demi.

Mêmes scènes, ou peu s'en faut, à Verpillières, à Lagny, où le général von Koscielsky, commandant la 42e brigade de cavalerie royale de Prusse, fit fusiller quatre personnes, dont le maire et le curé.

Ham vit arriver les Boches dans la journée du samedi, 29 août 1914. M. Etévé, adjoint, qui assuma les innombrables responsabilités de l'administration de la ville, en l'absence du maire, M. Gronier, emprisonné par l'ennemi, a déclaré très franchement : « Nous n'avons pas eu trop à nous plaindre d'eux avant le 14 octobre, date à laquelle ils ont organisé l'occupation après la bataille de la Marne. » Mais l'honorable adjoint ajoute qu'alors « ils ont donné libre cours à leur instinct de destruction, cassant les meubles, coupant les draps et causant des dommages sans aucune utilité pour eux-mêmes. Les réquisitions sont devenues continuelles ; les

maisons et les magasins ont été vidés peu à peu...
Un jour, on est venu soi-disant emprunter, pour le
chef de la kommandantur, une très belle table,
appartenant à l'hôtel de ville, et qui avait été estimée
cinq mille francs ; elle ne nous a jamais été
rendue ».

M. Pierre Sergent, employé de commerce à la
quincaillerie Henri Gronier, déposant devant la
commission d'enquête, le 3 avril 1917, a déclaré que,
parmi les officiers allemands qui faisaient main
basse, dans les magasins de Ham, sur toutes sortes
de marchandises, sans rien payer et sans laisser le
moindre bon de réquisition, les soldats allemands
eux-mêmes désignaient nommément le grand-duc de
Hesse. On retrouvera peut-être chez Ernest-Louis,
dans la résidence grand-ducale de Darmstadt, un
certain nombre d'objets, ainsi confisqués chez nos
honnêtes gens de Picardie.

C'est le 17 novembre 1914, qu'eut lieu la première
levée des habitants de Ham. Tous les hommes de
dix-huit à quarante-sept ans, convoqués sur la place
de l'Hôtel-de-Ville, furent appelés par classes. Ceux
qui pouvaient faire valoir des cas d'exemption du
service militaire reçurent l'ordre de sortir des rangs
et furent examinés par des médecins. Ce jour-là,
cent cinquante habitants de Ham furent emmenés,
en déportation, vers des parages inconnus.

Un autre jour, vers la fin d'octobre de la même
année, M. Gronier, maire de Ham, travaillait dans
son cabinet, à l'hôtel de ville, lorsque deux officiers
vinrent le prévenir qu'on le demandait à la kommandantur. S'y étant rendu aussitôt, il y trouva
M. Caurette, notaire, conseiller municipal et sup-
pléant du juge de paix, qui venait d'être arrêté

'Cliché Service Photographique de l'Armée.)

Le moulin de Péronne.

sans savoir pourquoi. Le maire essaya de réconforter M. Caurette en lui disant que le commandant, alors absent, ne manquerait pas de lui rendre la liberté. Mais un des officiers présents dit au maire :

— J'ai l'ordre de vous arrêter, vous aussi.

En effet, à 3 heures de l'après-midi, des gendarmes vinrent le chercher. Il fut transféré d'abord à Saint-Quentin, où il resta huit ou dix jours enfermé à l'hôtel de ville. On le déporta ensuite dans la Prusse rhénane, à Crefeld, et ensuite au fameux camp de Holzminden, où se trouvaient plusieurs milliers de Belges et de Français. Après cinq mois de captivité, il fut renvoyé en France, en passant par les casemates de Rastadt, pleines de rats. Il n'a jamais pu obtenir le moindre renseignement sur les causes de son arrestation. Ses geôliers restaient bouche cousue devant ses questions réitérées. Autant eût valu interroger un mur.

L'auteur de ces lignes a pu recueillir sur place, à la mairie de Ham, en 1917, le témoignage d'un malheureux père, à qui ses trois jeunes filles, âgées respectivement de vingt-six ans, vingt ans, dix-huit ans, furent enlevées par ordre des autorités allemandes. L'infortuné faisait peine à voir. Il me conta comment, dans la matinée du 10 février 1917, elles ont reçu l'ordre de se rendre sur l'esplanade du Château. Elles y trouvèrent un rassemblement de plus de cinq cents personnes de tout âge entre quinze et soixante ans, convoquées sous prétexte d'une vérification d'identité. Lorsque l'appel eut été fait par la voix gutturale d'un *feldwebel*, ces personnes restèrent là, piétinant dans la neige, sous un ciel sombre, sans pouvoir prendre la

moindre nourriture. C'est à peine si quelques
mères de famille purent s'approcher de leurs
enfants, avant la douloureuse séparation. Ces
malheureuses mères, ayant accompagné leurs
filles pour tenter une suprême démarche auprès
de la kommandantur, furent brutalement repoussées
par les officiers et sous-officiers préposés par le
kaiser Guillaume II de Hohenzollern à cette opération renouvelée des anciens usages de Ninive
et de Babylone. Un document public, produit
à la tribune du Sénat français, a fait connaître
un mot significatif d'un rittmestre qui, après
avoir repéré une jeune fille d'environ seize ans,
a dit : « Celle-là est pour moi. » Cet abominable
propos n'a jamais été démenti. Quel était ce rittmestre ? Etait-ce un subordonné de von Langen, de
von Zeppelin, du major Vierordt, de Rosenthal ? On
voudrait, à tout le moins, une protestation de ces
divers personnages, qui occupèrent successivement
la kommandantur de Ham, avant l'arrivée du
général von Fleck, commandant le XVII° corps de
l'armée allemande, auteur principal des pillages de
Ham et du château de Moyencôurt.

Dans cette même ville de Ham, ainsi vouée, par
ordre suprême du Kaiser, aux plus cruels traitements, les Boches enlevèrent encore, le 13 mars 1917,
au moment de la retraite de Hindenburg et de
Ludendorff, quatre-vingts personnes — soixante
hommes et vingt femmes, — parmi lesquelles se
trouvaient quatre malades de l'hospice. Un témoin
de ces scènes barbares en a fait ainsi la descrip-
tion : « J'ai assisté aux enlèvements d'habitants.
C'était navrant ! Ma femme, âgé de cinquante-quatre
ans, a été l'une des victimes de cette horrible

mesure. Elle n'est pas encore revenue ; je n'ai
jamais reçu de ses nouvelles, et j'ignore même où
elle est. Elle avait exhibé aux Allemands un certificat
médical, établissant l'état précaire de sa santé : il
n'en a été nullement tenu compte. J'ai alors demandé
à partir avec elle, mais je n'ai pu l'obtenir. »

IV

NACH PARIS

L'entrée des Allemands à Roye, le dimanche, 30 août 1914, a été suivie d'un pillage général et marquée par plusieurs incendies où furent brûlées notamment la fabrique de sucre et l'habitation de M. Labruyère, au faubourg Saint-Gilles. M. Ernest Mandron, adjoint au maire, dont la sucrerie, située rue de Paris, fut également livrée aux flammes, a été arrêté trois fois, emmené dans les lignes allemandes, menacé de mort. Le Dr Tréfort fut déporté.

L'emploi systématique des pompes à pétrole et des bombes incendiaires a ravagé Roye à diverses reprises.

« Pendant l'hiver de 1914-1915, a déclaré M. Leblan, greffier de la justice de paix, nous avons constaté quatre-vingt-quinze incendies, parmi lesquels celui de l'hospice... » Dans quatre cents maisons, environ, tout a été pillé. Les boiseries et planches ont été arrachées et brûlées. Il ne reste que des murs, endommagés par de grandes balafres. Pendant tout le temps de l'occupation, les Allemands ont organisé la destruction systématique et progressive de toutes les industries. Avant de partir, ils ont rendu inutilisables tous les fours des boulangeries, détruit le service d'alimentation de la ville en coupant les conduites d'eau, scié les arbres fruitiers dans les jardins, désarticulé le matériel agricole. Je me suis rendu compte de ces faits, par une enquête sur place, au mois d'avril 1917, en compagnie du capitaine Flach, du service de la justice militaire de notre 3º armée. Il n'est pas inutile de noter, en passant, que les corps de troupes de l'armée allemande qui ont dévasté cette région appartenaient principalement au IXº corps de réserve. C'étaient les 35º, 49º, 52º, 76º, 86º, 89º régiments d'infanterie, les grenadiers de Mecklembourg-Strélitz, le régiment d'infanterie nº 63 du Schleswig-Holstein. On y a vu aussi le 2º régiment des uhlans de la garde prussienne.

L'église Saint-Pierre de Roye, qui était classée parmi nos monuments historiques, n'avait reçu, par les obus, que des dégâts réparables. Vers le 15 décembre 1914, les Allemands en ont fait sauter, avec des explosifs, le clocher et la toiture, pour rien, pour le plaisir.

A Méricourt-sur-Somme, dans le canton de Bray, le 29 août 1914, ils arrivèrent en trombe, bousculant tout sur leur passage, ivres de pillage et de violence, faisant sortir des caves les femmes et les jeunes filles, afin de renouveler lâchement les exploits des reîtres et des lansquenets allemands dont les Boches d'aujourd'hui sont les dignes continuateurs. Bêtes à face humaine, ils attaquèrent, dans la nuit du dimanche, 30 août, à Lahoussoye, dans le canton de Corbie, sur la route d'Albert à Corbie, une dame de quatre-vingts ans. Celle-ci leur opposa d'ailleurs une victorieuse résistance, soutenue par l'intervention de son filleul, M. René Renard, âgé de soixante-cinq ans, que ces brutes ont assassiné, ensuite, d'un coup de fusil en plein cœur. Avinés et furieux, ils enfonçaient à coups de crosse les portes des maisons et des étables, conduits par leurs officiers, qui leur donnaient l'exemple de l'ivrognerie et du pillage. Ce fut une effroyable nuit de saturnales boches, où l'animal germanique, démuselé, déchaîné, retrouva sans effort et comme d'un mouvement naturel, ses hérédités souvent constatées par nos meilleurs historiens, trop peu écoutés, hélas ! de la foule facilement oublieuse, ou même des hommes d'État, souvent distraits par des sophismes que cultivent soigneusement, sous des prétextes scientifiques, nos ennemis d'hier, d'aujourd'hui et de demain, nos ennemis de toujours, nos ennemis mortels. A Pont-Noyelle, ce fut une orgie d'officiers et de sous-officiers, dans la maison d'un malade, M. Edmond Adnet, propriétaire, qui a raconté comme suit les sévices dont il fut victime :

« Etant atteint de paraplégie, je suis infirme et puis à peine marcher. Le 30 août 1914, des Allemands sont venus frapper à ma porte cochère, et au moment où j'allais l'ouvrir, ils l'ont brisée. Un officier, entrant alors à cheval, m'a renversé, puis descendant de sa monture, est allé directement, sans s'occuper de moi, à la porte de ma cave, qu'il a fait fracturer par ses hommes. Tout mon vin fin et mon champagne ont été bus ou emportés. J'en avais sept ou huit cents bouteilles. Un certain nombre d'Allemands se sont attablés chez moi et se sont livrés à une véritable orgie. Comme je me refusais à boire avec eux mon champagne, un sous-officier me coiffa de son casque. J'enlevai ce casque, et le jetai à l'autre bout de la pièce. L'Allemand, furieux, alla le ramasser et me l'enfonça de nouveau sur la tête avec violence. Je dus alors me résigner et conserver cette coiffure, au milieu des rires de la bande. Ma maison a été saccagée : tous les objets d'alimentation, l'argenterie et mes chevaux ont été enlevés. J'ai surpris un Allemánd qui, ayant pénétré dans ma chambre, était en train de briser un coffret dans lequel se trouvaient mes bijoux de famille. A mon arrivée, le voleur a pris la fuite en emportant les bijoux d'une valeur totale de quinze à dix-huit cents francs. Après le départ des Allemands, j'ai trouvé une patte d'épaulette qui porte le nᵒ 36. »

Tels étaient les divertissements du 36ᵉ régiment d'infanterie de l'armée allemande, à Pont-Noyelle. Pendant ce temps, à Framerville, dans le canton de Chaulnes, d'autres Boches, également disciples de Bernhardi, de Treitschke, de Fichte, de Nietzsche, de Schlieffen et du baron von der Goltz pacha, mettaient le feu aux granges, activaient les brasiers avec les « pastilles incendiaires » inventées récemment par les chimistes de Leipzig, et dansaient des danses de cannibales, au son d'un piano mécanique, pour célébrer ce triomphe de la *Kultur* d'outre-Rhin. L'abbé Buquet, curé de Framerville, et Mᵐᵉ Josse, propriétaire dans la même commune, ont été les témoins de ces bacchanales tudesques.

A Querrieu, dans le canton de Villers-Bocage, un vieillard de soixante-seize ans, M. Grignon, passant sur la route, fut assassiné à coups de sabre, pour rien, pour le plaisir, par les guerriers du Kaiser. Sa veuve demande justice. Le régiment auquel appartenaient ses assassins est le 27ᵒ d'infanterie de réserve de l'armée allemande.

A Proyart, les uhlans, faisant irruption, par le jardin, dans la maison de M. Boulanger, âgé de soixante-quatorze ans, tuèrent à coups de fusil ce vieillard, presque aveugle. Dans la même localité, M^{mo} Sachy a vu les Allemands charger sur des camions automobiles le mobilier de M. Wable. Ils mirent ensuite le feu à la maison déménagée, jetant dans le brasier « quelque chose qui crépitait ». Autour de l'incendie, ils dansaient au son d'un phonographe.

En passant à Longueval, dans le canton de Combles, les soldats du « colonel général » von Klück volèrent quinze cents francs à M^{llo} Cochois.

Et ainsi de suite. Ils s'exerçaient, chemin faisant, et comme pour attendre plus patiemment la sarabande finale, le pillage en grand, l'énorme bombance et la colossale ripaille par où ils devaient finir la guerre, — à Paris !

Moislains. — La Grande rue.

V

NOTRE PICARDIE MARTYRE

Rendons-nous compte, historiquement, de ce qu'est ce vieux pays français, qu'ils pillaient ainsi, rançonnaient, ravageaient, une fois de plus, et, en quelque sorte, afin de n'en point perdre l'habitude. C'est un pays qui, depuis des siècles, fait son office de garde-frontière. C'est notre Picardie martyre.

Martyr veut dire témoin. Le pays que les Allemands ont dévasté sur les bords de la Somme est un des premiers témoins de notre nationalité. Les Français de Picardie appartiennent à l'élite des plus anciens Français de France.

Notre Picardie est une terre de labour, d'industrie et de négoce. Elle étend jusqu'aux estuaires de la Manche et du Pas-de-Calais ses plaines fertiles et ses collines doucement ondulées, ses champs, ses moissons, ses herbages, ses plantations de betteraves, de chanvre ou de lin, que traverse un réseau de routes droites et de canaux rectilignes, ses bois clairsemés, ses jardins, ses hortillonnages ou cultures maraîchères, ses villes et ses villages, dominés çà et là par les hauts clochers des paroisses anciennes, par les donjons des vieux châteaux ou par les cheminées neuves des sucreries, des laiteries et des filatures.

Défrichée d'abord par les métayers des innombrables abbayes qui furent ses premières colonies agricoles, la Picardie a inscrit sur son sol et dans sa mémoire le souvenir des paysans chrétiens dont la figure, taillée dans la pierre par le ciseau des imagiers d'autrefois, se dessine, çà et là, parmi les symboles des travaux et des jours, aux voussures de la cathédrale d'Amiens. Il n'est point de pays en France où la popularité des grandes communautés religieuses de l'époque mérovingienne soit attestée plus fréquemment par les noms des localités champêtres que l'on rencontre en chemin. Les congrégations de l'ordre de Saint-Benoit, dirigées par la règle de leur admirable fondateur et conduites par la crosse de leurs énergiques abbés, peuplèrent de travailleurs en roque et scapulaire de bure blanche les clairières ouvertes par la cognée du bûcheron à la charrue du laboureur. La conquête pacifique du sol par la culture, la découverte des sentiers frayés par les bêtes sauvages, l'ouverture des routes humaines à travers les halliers des forêts primitives, le peuplement du désert par la construction des villages autour des baptistères et des églises, les brandes changées en jachères, les herbes folles cédant la place au froment, à l'orge, au seigle, à toutes les plantes nourricières de l'homme, la paix rendue aux campagnes, rassurées par le tintement quotidien de l'angelus, la sécurité restituée au foyer des familles par une tutelle morale et par une direction spirituelle qui étaient à peu près les seules autorités d'une époque anarchique, tels furent les principaux bienfaits de ces moines d'Occident qu'une règle latine, inspirée du génie pratique de l'ancienne Rome, vouait tour à tour à des travaux manuels et à des labeurs studieux, harmonieusement alternés par le rythme de la vie bénédictine.

Continuateurs des traditions classiques et civilisatrices de l'antiquité, pourvus d'un outillage adapté, dans cette région fertile, à la pratique des arts et métiers, possesseurs d'une collection de manuscrits précieux où les meilleurs calligraphes avaient enluminé d'or et de pourpre le texte des *Géorgiques* de Virgile, les disciples de saint Benoît, éclairés par les rayons de la grande lumière qui venait des hauteurs ensoleillées du mont Cassin, volontairement soumis à une discipline à la fois sévère et libératrice, ont rapporté en des régions que l'invasion des Barbares avaient déjà dépeuplées, dévastées et démoralisées, les trois vertus divines sans lesquelles l'humanité, souvent meurtrie et dolente, ne pourrait pas vivre; c'est-à-dire la foi, qui oppose aux prétentions de la force brutale l'invincible affirmation et les inébranlables certitudes de la justice et du droit; l'espérance qui donne aux pauvres gens accablés de misères la force de bâtir un nouvel édifice sur les ruines de leur bonheur; la charité enfin, qui nous console efficacement du spectacle des incendies et des carnages par la douceur de nous aimer les uns les autres et de nous prêter mutuellement l'aide que se doivent les enfants d'une patrie douloureusement éprouvée.

L'approche de ces missionnaires de l'Evangile, qui étaient, en même temps, des semeurs et des pasteurs, mit en fuite les loups et les brigands qui infestaient le pays forestier et charbonnier, à plusieurs lieues à la ronde. Et de tous côtés la Picardie, délivrée de la hantise d'un terrible cauchemar, voyait renaître la vie, la paix et la joie dans ses paroisses protégées par une puissance que nul seigneur ou prince n'eût osé contester. L'église abbatiale de Saint-Pierre, à Corbie, atteste aujourd'hui encore l'importance de la célèbre abbaye qui fut fondée par sainte Bathilde, reine des Francs, et qui devint, au cours des siècles, la métropole spirituelle de toute la Picardie. L'abbé de cette communauté bénédictine avait le privilège de correspondre directement avec le Saint-Siège apostolique, et gouvernait une grande république religieuse où l'on trouvait, dans les cadres d'une constitution vraiment démocratique, une merveilleuse variété d'aptitudes et de caractères, de vertus et de talents. Artisans et artistes, maîtres d'œuvres et professeurs de belles-lettres, savants et humanistes, musiciens et poètes, tailleurs de pierre et sculpteurs de bois, architectes et maçons, enlumineurs de parchemin et peintres en miniature semblaient s'être donné rendez-vous dans cette maison accueillante et dans cette société chrétienne, afin d'y réaliser l'idéal de la perfection morale et de la vie heureuse en donnant toutes les heures de leur existence terrestre aux tâches régulières d'un travail sagement distribué, fraternellement partagé. Les historiens d'aujourd'hui, dégagés des erreurs et des préjugés d'hier, commencent à connaître et ont entrepris de nous dire tout ce qu'ont fait ces bons ouvriers d'autrefois, ces hommes de volonté droite, d'esprit juste et de cœur généreux qui, renonçant à tout égoïsme, faisant abnégation des biens temporels et des jouissances du monde, furent les continuateurs anonymes de la civilisation latine, et nous ont transmis d'âge en âge 'e flambeau sacré des lettres, des arts et des sciences. Très éloignées de l'ascétisme volontiers inactif des moines et caloyers d'Orient, les missions essaimées du mont Cassin ne ressemblaient pas aux colonies mystiques du mont Athos. Tandis que là-bas l'anachorète et l'ermite usaient en macérations contemplatives, exaspérées jusqu'à une sorte de paroxysme visionnaire par la répétition machinale des mêmes gestes et des mêmes formules, une âme affaiblie, un corps fatigué, chez nous au contraire, le renoncement au siècle et à ses pompes se conciliait avec le travail qui fertilise la glèbe et fortifie les âmes. Par nos moines d'Occident, les riverains de la Somme, sujets de Childebert ou de Clotaire, contemporains de Brunehaut ou de Frédégonde, pauvres paysans, qui auraient pu rester affolés de terreur ou engourdis d'oisiveté parmi les scandales d'un siècle déréglé, ignorant de l'ordre et de la loi, furent initiés aux bienfaits de la règle stable qui assure le pain quotidien en multipliant les fruits de l'honnête labeur.

La règle de saint Benoit fut, pendant de longues années, la seule constitution politique et sociale d'une époque où la fantaisie individuelle et le caprice du moment remplaçaient dans les faits et gestes des puissants du jour la notion du devoir, et où la mollesse des gouvernés n'avait d'égale que la brutalité des gouvernants. Tel était l'attrait de cette règle, que les vocations s'éveillèrent de toutes parts, et que l'on vit des milliers de personnes, attirées vers la profession monastique par la nostalgie de la régularité, solliciter comme une faveur l'autorisation d'entrer dans la grande république spirituelle que fondaient les disciples de celui qui fut surnommé le patriarche des moines d'Occident. Un monde nouveau se révélait à ceux qui avaient le bonheur d'être admis dans ces confréries où le novice était un apprenti. C'était une incessante occasion d'émerveillement et de progrès. L'expérience des aînés révélait aux plus jeunes les secrets des arts et des métiers. On vivait dans une sorte d'extase inventive et pratique, au milieu des fleurs du printemps, des feuillages de l'été, des fruits de l'automne, et l'on abrégeait par le charme des belles études les veillées des longs hivers. On ne s'ennuyait jamais, parce qu'on travaillait toujours. Heures délicieuses, saluées dès l'aurore par le carillon des cloches matinales, heures dédiées par l'agréable alternance des travaux du corps et des exercices de l'esprit, à la conquête de la terre par la culture, à la conquête du ciel par la prière, vous avez coulé doucement, pendant des siècles de violence et de rapine, pour la joie parfaite des bénédictins de Picardie et des provinces voisines. Saint-Pierre de Corbie, Saint-Eloi de Noyon, Saint-Riquier, Saint-Corneille de Compiègne, étaient des asiles privilégiés, ainsi que Saint-Lucien de Beauvais et Saint-Médard de Soissons. On y prépara en silence les cadres imposés plus tard à la barbarie germanique par la civilisation hellénique, latine, chrétienne, humaine dont nous avons reçu les bienfaits, conservé la tradition et propagé l'influence.

L'Eglise a mis au rang des saints le plus illustre des abbés de Corbie, Adélard. C'était un humaniste et même un académicien. A l'Académie instituée par l'empereur Charlemagne, il siégeait sous le nom d'Augustin, tandis que ses illustres confrères, Al-

cuin et Angilbert, prenaient, dans ces doctes
assises, pour marquer leur amour des lettres
antiques, les noms d'Homère et d'Horatius Flaccus.
La cité de Corbie doit consacrer un monument
commémoratif au grand abbé Adélard, conseiller
de Charlemagne, comte palatin, tuteur du jeune
Pépin, qui fut roi d'Italie, *missus dominicus*, grand
personnage, administrateur et organisateur, qui
fonda les premières institutions ouvrières de la
Picardie. C'est lui qui, en ouvrant, dans son
abbaye, des ateliers à plusieurs cordonniers, sel-
liers, foulons, forgerons, orfèvres, armuriers, maçons, charpentiers, parcheminiers, fit naître le
bourg industriel qui, depuis ce temps, s'est déve-
loppé autour de l'église abbatiale de Saint-Pierre de
Corbie, tandis que, dans le pays d'alentour, les trois
églises de l'abbaye bénédictine de Saint-Riquier,
bâties par le poète Angilbert, attiraient de plusieurs
lieues à la ronde tous ceux qui voulaient s'adonner
au travail manuel ou aux occupations de l'esprit.
En ces temps lointains, obscurs, où l'intelligence
humaine était menacée de tous côtés par l'obsession
de la barbarie, ces grandes maisons, actives et
recueillies, furent, en ce coin d'ancienne France,
les conservatoires des lettres, des arts, de toutes
les reliques de la gaie science, transmises d'âge en
âge par la tradition d'Athènes et de Rome. La
bibliothèque de Corbie devint une illustre école de
calligraphes, de scribes et d'imagiers, habiles à
enluminer des psautiers et des évangéliaires pour
les prélats et pour les princes. C'est l'école de Corbie, ce sont les écoles de Reims et de Metz qui
ont appris aux Allemands de Saint-Gall et de
Ratisbonne l'art d'orner les manuscrits avec des

miniatures coloriées d'or, d'azur, de pourpre et de sinople.

N'est-il point naturel qu'en de telles conditions historiques, géographiques et morales, les historiens de notre poésie nationale aient trouvé justement sur le vieux sol de nos marches de Picardie la première chanson où notre langage, encore incertain, ait paru se dégager des formes latines? Oh ! c'est bien peu de chose, une simple fleurette, éclose entre les murs d'un couvent longtemps ignoré. Comment s'appelait le moine qui, dans l'abbaye de Saint-Amand, en Picardie, célébra les vertus de sainte Eulalie, vierge et martyre, laquelle a souffert sous le règne de Dioclétien, et dont la fête est fixée par le calendrier de l'Église au 12 février de chaque année ?

> Buona pulcella fut Eulalia :
> Bel avret corps, bellozour anima.

On ne sait rien de ce moine chanteur : sinon qu'il fut contemporain de Charles le Chauve, de Louis le Bègue, de Charles le Gros, de Louis le Jeune, de Robert le Fort, de Baudouin dit Bras de Fer, et qu'au moment même où ces grands personnages, volontiers querelleurs, guerroyaient ensemble, botte à botte, ou les uns contre les autres, estoc contre estoc, cet homme inconnu, heureux sans doute parmi les fleurs parfumées de son cloître et les éblouissantes visions de ses vitraux, goûtait la joie profonde et pure de calligraphier, sur un vélin de missel, la louange d'une jeune fille infiniment bonne et douce et vaillante, qui fut malheureuse à cause des vertus. C'était le temps où, malgré le tumulte des guerres, les maîtres et les ouvriers des ateliers de Saint-Riquier et de Saint-Wandrille ciselaient des images d'ivoire, selon les modèles inventés par les artistes italiens et byzantins. Les clercs de Saint-Corneille, à Compiègne, possédaient une copieuse collection de manuscrits.

La France, en ce temps-là, était déjà si riche, si florissante, qu'elle tentait la convoitise rapace des Allemands. Leur chef, Ludwig, surnommé le Germanique, prétendant à l'empire, envahit, malgré les clauses formelles du traité de Verdun et des serments de Strasbourg, nos provinces de l'Est, et s'avança jusque dans la forêt d'Attigny. Il fut repoussé. Mais les incursions des bandes d'outre-Rhin, accourues du fond de la Saxe, de la Thuringe, de la Bavière et de la Souabe, devaient recommencer, au cours de notre histoire et de l'histoire d'Allemagne, à des intervalles presque réguliers.

L'attaque brusquée de 1914, l'effraction de nos frontières, l'invasion et la dévastation de nos provinces de l'Est et du Nord sont les effets actuels d'un mouvement de migration à main armée, qui, de temps immémorial, pousse les tribus riveraines de l'Elbe, de l'Oder ou du Mein, à la conquête des terres fertiles qui avoisinent la Meuse, la Seine, la Somme, l'Aisne et l'Oise. Pendant longtemps nos marches de Lorraine et d'Alsace furent protégées par les organisations défensives que l'empire romain, averti par le massacre des légions de Varus, avait opposées aux convoitises rapaces des compatriotes d'Arminius, chef barbare des Chérusques de la forêt Hercynienne. Instruit par une cruelle expérience, le consul Tiberius Drusus, que les Romains ont décoré du titre de Germanicus, à cause de ses victoires sur les ennemis de la civilisation, indiqua, sur les deux rives du Rhin, les emplacements où l'on peut retrouver encore la trace des tranchées creusées par les légionnaires de Rome pour opposer aux mouvements offensifs des Souabes, des Marcomans et des Vandales un obstacle infranchissable. C'est qu'au delà de Cologne, colonie romaine, poste militaire établi par les légions qui ont fait la relève des soldats de Germanicus, s'étendait, au delà des limites du latinisme civilisateur, une vaste *terra incognita*, le pays des Bructères, des Chauques, des Triboques, des Hérules, des Goths, des Wisigoths et des Ostrogoths, la ténébreuse Germanie, collection de peuplades barbares et turbulentes. Ces peuplades, le grand historien Tacite, peintre des *Mœurs des Germains*, les a définies d'un mot : *Germanos ad praedam*... Gens de proie, contre lesquels la civilisation en péril est obligée périodiquement de défendre les propriétés, les personnes, les traditions menacées sans cesse par les perpétuels ennemis de l'humanité libre. Ces Allemands (*All mann*), « hommes de toute provenance », ravageurs et pillards, attirés chez nous, sans cesse, par l'appât d'un ciel plus indulgent et d'un sol plus fertile, ont pu, faisant alterner leurs échecs avec leurs succès, déborder jusque dans la vallée du Rhône, incendier, au cours de leurs étapes, les villes et les villages, détruire Besançon de fond en comble, brûler plus de quarante cités, assiéger Autun et Sens. En même temps, ils envahissaient l'Alsace et menaçaient la Champagne. C'est alors qu'un neveu de Constantin le Grand, un jeune homme de vingt-cinq ans, Flavius Claudius Julianus — celui que nous appelons Julien, et qui fut un Parisien épris du charme de notre cité naissante,

— nommé au commandement de la préfecture des Gaules, avec le titre de césar, connu jusqu'alors comme un étudiant assidu aux écoles d'Athènes et particulièrement docile à l'enseignement des philosophes néo-platoniciens, se révéla tout ensemble homme de guerre et homme d'Etat, montrant, par un mémorable exemple, qu'un esprit supérieur, nourri aux lettres anciennes, volontairement soumis aux disciplines générales des élites pensantes et des intelligences directrices, peut se hausser, sans trop de peine, au niveau des plus difficiles devoirs. Héritier de l'hellénisme, Julien avait appris la stratégie et la tactique dans les livres de Xénophon, d'Elien et d'Apollodore, auteurs aujourd'hui trop négligés. Ses maîtres ne l'ont pas trompé, puisque, du camp d'entraînement de Vienne, sur les bords du Rhône, il passa presque directement au front des Vosges, ne s'arrêtant à son quartier général de Reims que pour concentrer ses troupes et marcher de là, résolument, sur Strasbourg, afin de chasser les Allemands d'Alsace. D'avance, à plus de treize siècles de distance, le jeune vainqueur de Chnodomer et d'Agénarich, le défenseur des Gaules, le libérateur de l'Alsace semblait deviner cette pensée du maréchal de Turenne : « Il faut s'opiniastrer de demeurer en Alsace... N'oubliez pas que la Champagne est plus ouverte que la Picardie... Tant qu'il reste un soldat de l'empire germanique en Alsace, un homme de guerre français n'a pas le droit de se reposer. »

VI

LE MOUCHOIR DE Mme FLAMENT

Dans la journée du 5 octobre 1914, le 110e régiment d'infanterie allemande vient cantonner à Beaumont-Hamel, commune d'environ cinq cents âmes, située dans l'arrondissement de Péronne et dans le canton d'Albert, à l'écart de tout chef-lieu important, à la merci de toutes les vexations et de toutes les déprédations d'une bande armée, opérant par groupes isolés. Les Boches ont soif. Leur premier soin est d'envahir l'établissement de Mme Flament, débitante, qui se trouve seule chez elle.

— Du champagne! crie d'une voix tonnante l'officier adjoint au colonel.

— Je n'en ai pas, répond Mme Flament.

— Vous en avez !

— Je n'en ai pas.

— Nous verrons bien.

L'Allemand sortit, et revint presque aussitôt, furibond, la face congestionnée sous son casque à pointe recouvert de toile grise.

— Ah ! reprit-il avec un rire qu'il voulait rendre sardonique, vous dites que vous n'avez pas de champagne! Eh bien, je viens de voir, dans la rue, des hommes qui en boivent.

— Ils ne l'ont pas pris chez moi, puisque je n'en ai pas.

— Où donc l'auraient-ils pris ?

— Je n'en sais rien.

— Ah! c'est comme ça ? Vous me refusez du champagne ? Eh bien, vous aurez de mes nouvelles !

Et l'officier adjoint au colonel du 110e régiment d'infanterie allemande sortit en faisant claquer la porte et en proférant les plus violentes menaces.

Très inquiète, Mme Flament alla conter ses peines à Mme Roussel, sa voisine, qui, elle aussi, était seule, son mari, agriculteur, étant mobilisé. Elle lui parla de l'histoire du champagne et de la grande colère du Boche, tout à l'heure altéré de vin et maintenant assoiffé de vengeance.

— Il a vu dans la rue, dit-elle, des hommes qui emportaient des bouteilles de champagne.

— Ils les avaient volées chez moi, dit Mme Roussel, qui possédait une cave assez bien garnie.

Quelques jours se passèrent, pendant lesquels tout ce qui restait de mobilier et de lingerie dans ce pauvre village fut méthodiquement confisqué. Dans l'armoire de Mme Flament, les pillards ne laissèrent qu'un mouchoir blanc.

Effrayées, les femmes de Beaumont-Hamel se réunissaient, autant pour mettre en commun leurs inquiétudes et leurs angoisses que pour fuir la fastidieuse conversation de certains Boches, qui s'étaient mis en tête de faire les galants. La maison de Mme Roussel servit d'asile à Mme Flament, qui rencontra, dans cette demeure grande et accueillante, d'autres personnes de la commune, notamment Mlle Danicourt, Mme Testu, Mlle Dépierre. Malheureusement, ces réunions, bientôt connues de la kommandantur, et l'aspect cossu du logis attiraient les Boches. Dans la journée du samedi, 10 octobre, un sergent-major et un autre sous-officier allemand, logés chez Mme Roussel et passant leur temps en beuveries, prétendirent obliger leur hôtesse et ses compagnes à trinquer avec eux.

— Ah! par exemple, s'écria Mme Flament, il ne faudrait pas avoir de cœur pour trinquer avec un Allemand!

Les deux sous-officiers avaient, jusqu'à ce moment, laissé ignorer aux femmes de Beaumont-Hamel qu'ils connaissaient parfaitement la langue française. A partir de cet instant, et pour faire peur aux victimes de leur sinistre plaisanterie, ils commencèrent à s'exprimer dans notre langue. Lorsqu'ils furent partis, ces femmes eurent le pressentiment qu'un malheur allait leur arriver. Qu'on juge de leur désarroi, dans l'isolement où elles se trouvaient, privées de tout renseignement, de tout moyen de communication, sans défenseurs, au milieu des ennemis! Ceux-ci allaient et venaient dans la commune, écoutant aux portes, épiant les démarches de chacun, rapportant à la kommandantur les propos entendus et toujours interprétés, rapportés, défigurés avec une systématique malveillance.

Le lundi, 12 octobre, M. Fagot, qui avait assumé les difficiles fonctions et les redoutables responsabilités de maire de la commune, fit parvenir à Mme Roussel, pour elle et pour ses amies, un avertissement discret. Tout était à craindre. Effectivement, dans l'après-midi du même jour, vers trois

heures, un piquet de six hommes, baïonnette au
canon, cerna la maison Roussel, mit les prisonnières
en état d'arrestation, et les conduisit à la mairie,
où était installée la kommandantur. L'officier adjoint
au colonel du 110ᵉ régiment d'infanterie allemande,
le vindicatif pochard qui s'était plaint de n'avoir
point sa part de champagne, les attendait, casque
en tête, jugulaire au menton, et leur dit sans pré-
ambule :

— Mesdames, vous êtes accusées d'avoir fait des
signaux aux Français. Vous allez être fusillées...

Le prétexte de cette scène barbare, c'était le passage d'un aéroplane qui, dans la matinée, avait sur-
volé la commune de Beaumont-Hamel. Etait-il français ? Etait-il allemand ? On ne l'a jamais su. Mais,
aux yeux des Boches, c'était suffisant pour motiver
un de ces actes de terrorisme qui leur étaient pres-
crits par les directives du grand état-major de Berlin.

— Voyons, reprit l'officier instructeur de cette
affaire capitale, voyons quelle est celle d'entre vous
qui a le plus grand mouchoir. Tirez vos mouchoirs
de vos poches.

Gravement, il faisait mine d'examiner un à un,
comme pièces à conviction, les mouchoirs de
Mme Roussel, de Mlle Danicourt, de Mme Testu, de
Mme Flament. Celle-ci était évidemment visée par la
rancune de l'officier adjoint au colonel du 110ᵉ régiment d'infanterie allemande. N'avait-elle pas refusé
du champagne à cet ivrogne ?

— Ah ! ricana-t-il, c'est vous, madame Flament,
qui avez le plus grand mouchoir.

— C'est possible, répondit-elle. C'est même malheureux d'avoir été dépouillée de tout son linge et

d'être obligée de se servir d'un aussi grand mouchoir. C'est une des rares pièces de lingerie que j'aie
pu sauver du pillage.

— Ah! vous avouez, madame Flament, donc,
vous serez fusillée. Vous, madame Roussel, dites
qu'elle a déplié son grand mouchoir quand a passé
l'aéroplane.

— Je dis qu'elle s'est mouchée à ce moment-là.

— Elle s'est mouchée. Donc elle a déplié son
mouchoir. Donc elle est coupable.

Interpellée de nouveau, Mme Flament fit observer
qu'elle avait, en effet, déplié son mouchoir, mais à
l'intérieur de la maison.

Alors, un soldat boche entra dans la salle, porteur d'un morceau de calicot blanc. C'était, comme
on dit dans le langage de la procédure criminelle,
un témoin de l'accusation. Désignant du doigt
Mme Flament, ce témoin prononça péniblement ces
deux mots :

— Madame... Aéroplane !

— Vous voyez, dit l'officier, vous êtes coupable :
cet homme vous accuse.

On passa ensuite à l'interrogatoire de Mme Roussel. Cette jeune femme était accusée d'avoir fait des
signaux à l'aide d'un cheval blanc !

— Voici ce qui s'est passé, dit-elle. En l'absence
de mon mari, mobilisé, je dirige une exploitation
agricole. Comme je n'avais plus de place dans mon
écurie, j'ai dû faire attacher dans ma cour un cheval rouge et un cheval blanc, pendant qu'on faisait
la litière. Voilà tout.

— Voilà tout? C'est ce que nous allons voir. Il y
a ici un témoin !

Le témoin, poussé en avant par le planton de

Cliché Service Photographique de l'Armée.

Maucourt.

service, était un nommé Chabot, âgé de cinquante-huit ans, domestique de Mme Roussel. Cet homme au visage faux, au regard fuyant, s'avança d'un pas oblique, roulant sa casquette entre ses gros doigts. Comment se trouvait-il là, derrière les pauvres femmes qu'il allait trahir par une dénonciation mensongère ? Avait-il été arrêté par les Allemands et voulait-il obtenir sa liberté par ce moyen ignoble ? Quoi qu'il en soit, ce misérable déclara, d'une voix pâteuse, sur le ton d'une leçon apprise, que Mme Roussel était coupable. Après quoi, l'officier boche lui dit :

— Vous êtes libre. Allez-vous-en.

Il sortit, sans oser regarder les victimes de son infamie. On ne l'a plus jamais revu.

C'est en vain que les accusées firent entendre les protestations les plus vives, les plus émouvantes, et opposèrent à leurs accusateurs un démenti motivé par les plus irréfutables preuves. Mlle Danicourt jura sur son honneur qu'elle n'avait pas usé de son grand chien noir pour correspondre avec les lignes françaises. Mme Roussel jura, sur la tête de ses enfants, qu'elle n'avait point fait de signaux à un aéroplane avec l'aide de son cheval rouge ni de son cheval blanc.

— Vous feriez mieux de faire des aveux, interrompit l'officier, car, dans ce cas, vous auriez la vie sauve, au lieu d'être fusillées.

Puis, faisant soudain semblant de se raviser et de se radoucir :

— Eh bien, soit, dit-il, je veux croire à votre innocence...

Mais, jetant aussitôt un regard haineux du côté de Mme Flament, il ajouta :

G. Deschamps. 4

— Jurez-moi que celle-là est coupable. Je vous mets aussitôt en liberté.

Il éclata aussitôt, comme un forcené ou comme un fou, en imprécations furibondes, dictées à son ressentiment par le souvenir de la bouteille de champagne que ses sommations impérieuses n'avaient pas pu obtenir d'une Française sans défense. Rageur, il répétait toujours la même chose, les lèvres serrées, les lèvres blêmes :

— Ah ! vous allez voir ce qu'il en coûte, de refuser du champagne à un officier du Kaiser allemand !

Et, se tournant vers les compagnes de la victime de cette abominable et grotesque persécution, il insista, d'un ton rogue :

— Allons, vous autres ! Jurez que celle-là est coupable. Dépêchez-vous, il faut en finir.

Il tira sa montre de sa vareuse, et la déposa sur la table, sous ses yeux méchants :

— M'entendez-vous ? interrogea-t-il d'une voix de plus en plus féroce. Vous avez trois minutes pour réfléchir.

Elles répondirent aussitôt qu'elles ne pouvaient mentir pour faire condamner une innocente, et qu'elles préféraient la mort.

— Ah ! c'est ainsi ? hurla le tortionnaire boche, stupéfait de se heurter à cette loyauté française, si différente des usages de son pays. Vous ne voulez pas dénoncer votre camarade ? Alors vous serez fusillées. Venez avec moi.

Quatre hommes du 110ᵉ régiment d'infanterie allemande, fusils chargés, attendaient à la porte de la mairie. Sur l'ordre de l'officier, ils encadrèrent les prisonnières, à l'exception de Mᵐᵉ Testu, dont le sort n'avait pas encore été réglé. Le cortège, officier en tête, prit le chemin de l'église. Au commandement de *halt !* les hommes du peloton d'exécution s'arrêtèrent, l'arme au pied, tandis que leur chef faisait ranger ses trois victimes, Mme Flament, Mlle Danicourt, Mme Roussel, le long du mur de l'église, près du cimetière. L'officier allemand avait encore sa montre à la main.

— Je vous accorde, dit-il aux condamnées, une minute pour réfléchir une dernière fois. Choisissez : avouer ou mourir.

Elles ne répondirent même pas à cette injonction colossalement bête. Alors, il fit mettre les fusils en joue, et compta :

— *Ein... Zwei...* Une... Deux...

Le trois fatal ne sortit pas de ses lèvres. Quelle fantaisie passa par le cerveau brut de ce butor ?

— Je veux, dit-il, vous donner encore une demi-heure pour réfléchir.

Il les ramena, toutes tremblantes, à la mairie, jouissant de leur torture morale, savourant leur martyre avec ce goût de la souffrance humaine, cette *Schadenfreude*, qui est une des plus exécrables passions de la race germanique.

A la mairie, elles retrouvèrent Mme Testu, plus morte que vive, et qui ne s'expliquait pas pourquoi le bourreau de ses amies l'épargnait elle-même provisoirement. Sait-on jamais ce que peut imaginer dans ces moments de monstrueuse malice, la tête d'un Boche ?

— Chère amie, dit Mme Flament à Mme Testu, nous allons mourir dans une demi-heure. Cette fois, la chose est sûre. Ces gens finiront par nous tuer. Ils nous veulent mal de mort. Nous n'y échapperons pas. J'ai sur moi un porte-monnaie, contenant de l'argent que j'ai pu soustraire au pillage. Je vais vous le confier.

Cette conversation était surveillée par l'officier adjoint au colonel du 110ᵉ régiment d'infanterie allemande. Ayant surpris le geste de Mᵐᵉ Flament, il saisit le porte-monnaie, l'ouvrit, et en fit sortir le contenu, prenant plaisir à entendre tinter le métal des pièces sur la table de la mairie.

— Ah ! Ah ! ricana-t-il, vous êtes riche, à ce qu'il paraît. Voyons combien tout cela fait. La somme paraît assez forte. Vous avez les poches bien garnies.

Il compta treize cent cinquante-cinq francs en or.

— D'où avez-vous tout cela ? cria-t-il dans un mouvement de feinte colère. C'est l'argent dont les Français payent vos renseignements ! Voilà une preuve contre vous.

Et, cherchant, dans son exaspération, ce qu'il pourrait dire de plus cruel, afin de mieux encore torturer sa victime, il dit à Mᵐᵉ Flament :

— Vous serez enterrée vivante devant l'église.

Puis, il se mit à penser que Mᵐᵉ Roussel avait sans doute, elle aussi, remis de l'argent à Mᵐᵉ Testu. Celle-ci, sous menace d'être fouillée, dut remettre un porte-monnaie, contenant sept cent soixante-seize francs.

— Qu'est-ce que cet argent ? demanda l'officier à Mᵐᵉ Roussel.

— Ce sont des économies que je voulais faire parvenir à mon mari et à mes enfants.

— Fort bien. En ce cas, je vous rends votre porte-monnaie. Et même je rends aussi le sien à Mᵐᵉ Flament.

Les deux pauvres femmes reçurent des mains de leur bourreau leurs deux porte-monnaie vides. Ce fut une explosion de gros rires dans la salle où s'alignaient les plantons et les scribes de la kommandantur. Oh! la bonne plaisanterie allemande! Et comme M. l'*Oberleutnant* était *gemüthlich!*

Le calvaire de nos Françaises n'était pas encore terminé. L'officier allemand sortit, emportant leur argent. Au bout d'une demi-heure d'angoisse, elles le virent qui rentrait, accompagné, cette fois, d'un chef important, qui n'était autre que le colonel. Celui-ci leur dit, en leur tendant un chiffon de papier :

— Votre argent est parti pour l'Allemagne. J'agis selon les ordres de mes chefs. Cela vous sera compté comme contribution de guerre.

Et, tandis que les scribes et plantons se raidissaient, les talons joints, dans l'attitude d'extase que le règlement militaire allemand impose aux inférieurs en présence de leurs supérieurs, le colonel boche prononça solennellement ces mots :

— Le cœur d'un Allemand vaut mieux que le cœur d'un Français. Nous vous faisons grâce de la vie.

Alors, parmi les marques de respect infini que lui prodiguaient ses subordonnés, cet officier supérieur de l'armée allemande quitta les Françaises d'humble condition auxquelles il venait de soustraire ainsi leurs économies.

Ramenées, le soir de cette douloureuse journée, dans la maison de M^mo Roussel, sous escorte, elles restèrent prisonnières pendant dix-huit jours. Gardées à vue par un factionnaire qui se tenait dans chacune de leurs chambres, et par deux autres sentinelles qui surveillaient le couloir de la maison, elles recevaient à peine de quoi se nourrir. Leur

captivité ne s'adoucit un peu qu'après le départ
du 110ᵉ régiment d'infanterie, remplacé par le 99ᵉ.
Dans ce nouveau régiment, il y avait des Alsaciens
qui, en cachette, leur adressaient quelques menues
provisions et des paroles d'espoir [1].

1. Tous les faits relatés dans ce récit sont d'une exactitude
scrupuleusement vérifiée. On peut se référer aux *Rapports et
procès-verbaux de la commission instituée en vue de constater les actes commis par l'ennemi en violation du droit
des gens*, tome V, pages 106 et suivantes. Voir notamment la
déposition de Mᵐᵉ Flament, en date du 31 août 1915, ainsi que la
déposition faite par Mᵐᵉ Roussel, le 27 août 1915, devant la Commission d'enquête, à Beauquesne (Somme). Le commandant du
110ᵉ R. I. R. de l'armée allemande est mentionné sur la liste
des personnes désignées par les puissances alliées pour être
livrées par l'Allemagne en exécution des articles 228 à 230 du
traité de Versailles et du protocole du 28 juin 1919.

VII

LES CAPTIFS DE BEAUMONT-HAMEL

Beaumont-Hamel est un pays de cultivateurs et
de meuniers, une localité champêtre où l'on ne
trouve guère que des industries agricoles : entreprises de battage ; fabriques de chaux ; froma-
geries ; entrepôts d'engrais, de grains, etc. Population inoffensive, contre laquelle nos ennemis n'ont
pas pu alléguer le moindre prétexte de représailles.
Au mois d'octobre 1914, ceux des habitants de
Beaumont-Hamel qui n'avaient pas émigré se réfu-
gièrent, pendant vingt-quatre jours, au fond de
leurs caves, tandis que la bataille faisait rage aux
alentours de leur clocher. Les Allemands profitèrent
de cette occasion pour piller le village. Ensuite ils
ordonnèrent aux habitants des ruines de Beaumont-
Hamel, le 28 octobre, de se réunir dans la cour
de la maison où s'était installé leur commandant.
Là, on dit à ces pauvres gens qui, pour la plupart,
étaient des vieillards ou des femmes, qu'on se pro-
posait de les garder pendant deux jours en cet
endroit, pour les mettre à l'abri... Mais, pendant la
nuit, on les fit brusquement lever et partir pour
une destination inconnue. La première étape de ces
malheureux prisonniers fut Bapaume, où ils allèrent
à pied, en pleine nuit, par des chemins boueux,

coupés d'ornières, sous escorte de cavalerie et d'infanterie. Ils restèrent enfermés dans la gare de Bapaume, couchés sur des tas de ferraille, sans boire ni manger, jusqu'au vendredi, 30 octobre, au matin. A ce moment, on les achemina, dans des wagons à bestiaux, vers la gare de Cambrai, par Frémicourt, Beugny, Velu, Hermies, Havrincourt, Flesquières, Marcoing. Ce n'était que le commencement des stations d'un douloureux itinéraire. De la gare de Cambrai ils furent transportés par voie ferrée à Saint-Quentin où ils demeurèrent trois jours au fond d'une prison. C'est de là que ces captifs partirent pour l'Allemagne, toujours entassés dans des wagons à bestiaux. Ce lamentable convoi, stoppant à Aix-la-Chapelle, à Cologne, à Dusseldorf, à Munster, à Osnabruck, à Brème, à Hambourg, traversa la Prusse rhénane, toute noire de houille et de fumée, les tourbières de la Westphalie, les ténébreux parages de la forêt de Teutoburg, et fit enfin halte, dans une brume de cauchemar, sur les bords de la mer Baltique, à Lubeck, capitale d'une « république » allemande.

La prison de Lubeck est une geôle justement redoutée des pauvres hommes et des pauvres femmes qui ont eu le malheur d'être exposés par l'invasion des armées allemandes aux sévices de la barbarie germanique. Lubeck, la vieille ville hanséatique, est une cité soi-disant libre, qui se vante volontiers de ses origines, et qui même a fondé, pour faire écrire son histoire et prononcer son éloge, plusieurs sociétés savantes [1], convenablement dotées par la

---

1. *Hunseat. Geschichtsverein ; — Verein f Lübeck. Geschichte u. Altertumskunde.*

bourgeoisie locale. Les historiens patentés de la ville de Lubeck ne manqueront pas d'ajouter une page glorieuse à leurs ouvrages d'histoire, en disant que leur « république » de riches trafiquants a fourni aux porte-clefs du Kaiser prussien la prison modèle où les villageois de Beaumont-Hamel en Picardie furent écroués. Ces prisonniers, privés presque entièrement de nourriture pendant les trois journées de leur pénible voyage sur les chemins de fer de l'Allemagne du Nord, avaient grand'faim et soif : on leur donna, le lendemain de leur arrivée, au matin, une sorte d'eau jaunie ; à midi une espèce de bouillon sans graisse, lavasse écœurante où flottaient des trognons de choux verts et des rognures de gros navets, pareils à ceux que chez nous on donne à manger aux bêtes dans les étables. Le soir, quelques poignées d'orge insuffisamment cuite, impossible à mâcher, s'ajoutèrent à ces aliments et à la ration quotidienne de deux cents grammes de pain gris. Deux fois par semaine, les geôliers de Lubeck offraient à leurs victimes un petit morceau de lard, presque cru. Les prisonniers de Lubeck avaient froid. Ils couchaient deux par deux sur la même paillasse, sous de minces couvertures.

C'est dans la gare de Lubeck, que les femmes de Beaumont-Hamel furent séparées de leurs maris, ceux-ci et celles-là ayant été parqués, de force, dans deux trains qui, au signal du chef de gare, prirent des directions contraires. On ne pourrait trouver l'explication de cette malice ailleurs que dans ce « plaisir de nuire » (*Schadenfreude*) qui est au fond du caractère allemand. Un vieillard de quatre-vingts ans fut ainsi emmené loin de sa femme, qui depuis ce temps n'a plus entendu parler de lui.

Au bout de quinze jours, les femmes de Beaumont-Hamel furent transférées à Holzminden. C'est une petite cité de dix mille habitants, qui appartenait à S. A. R. Ernest-Auguste, duc régnant de Brunswick et de Lunebourg, colonel prussien à la suite du régiment des hussards de Ziethen, et du 1er régiment de la grosse cavalerie bavaroise, gendre unique du Kaiser[1]. Ce jeune vassal ne pouvait rien refuser à l'exigeant suzerain qui était en même temps son beau-père. Aussi a-t-il cédé, dans le duché qui eut pour premier titulaire Otbert, margrave et comte palatin, un vaste emplacement où les fonctionnaires du roi de Prusse ont établi un centre de déportation. Les baraques du camp de Holzminden, construites en planches de sapin vert, à peine équarries, étaient très humides, le duché de Brunswick étant un pays pluvieux. Des milliers de captifs et de captives ont affreusement souffert dans ce séjour de misère et de désolation. Il en vint d'abord du département de Meurthe-et-Moselle, où guerroyait l'héritier de la couronne de Bavière, Rupprecht, fils de Ludwig, qui avait mené, à la tête de la VIIe armée allemande, une attaque brusquée sur nos frontières de l'Est, et qui, furieux de n'avoir pas réussi dans sa tentative d'effraction à main armée et de brigandage organisé, se vengeait cruellement, bassement sur

1. Né à Penzing, près de Vienne, le 17 novembre 1887, Ernest-Auguste, duc de Brunswick, a épousé, au mois de mai 1913, Victoria-Louise, princesse de Prusse, née au palais de Marbre de Potsdam, le 13 septembre 1892, unique fille du kaiser. De ce mariage sont issus deux garçons : le prince héritier Ernest-Auguste, né à Brunswick, le 18 mars 1914, et Georges-Guillaume, né au même lieu, le 25 mars 1915.

les innocentes populations d'un pays où il avait
subi un humiliant échec. Dans ce camp de Holzminden, aménagé, réglementé, administré selon les
directives du grand état-major de Berlin, les prisonniers mouraient de faim et d'épuisement. C'étaient,
presque chaque jour, des scènes atroces. Un jeune
homme, qui implorait quelque nourriture afin de
ne pas tomber d'inanition, fut roué de coups par
un gardien et mis en cellule pendant six jours. On
voyait des gens affamés dévorer des têtes de hareng,
absorber des résidus de café. Une vieille femme,
Mᵐᵉ Thirion, malade, étendue sur un grabat, resta
ainsi pendant trois semaines, sans pouvoir obtenir
la visite du médecin. Quand celui-ci se décida enfin
à venir, la pauvre femme était morte.

Tandis que ces souffrances, ces agonies, ces déses-
poirs faisaient du camp de Holzminden un nouveau
cercle de l'enfer inventé par les Boches, il y avait,
à deux pas de cette cité dolente, au palais ducal de
Brunswick, une jeune femme et deux enfants, qui
débordaient de vie, de santé, de joie. Au moment
même où les pâles rayons d'un printemps tragique
et froid jetaient une clarté sinistre sur les damnés
de la gehenne de Holzminden, l'*Illustrirte Blatt* du
30 mai 1915 publiait un grand portrait de la
duchesse de Brunswick, fille du Kaiser, photogra-
phiée, chez elle, et tenant dans ses bras son dernier né, Georges-Guillaume. On chercherait vainement sur ces deux visages joufflus, replets, bien
nourris, la douceur qui d'ordinaire accompagne la
première enfance et la jeune maternité. Victoria-
Louise a les traits épanouis, la bouche dilatée
par une large hilarité qui fait mal à voir lorsqu'on
pense à tout le sang, à toutes les larmes qui cou-

laient autour des berceaux bien abrités dans la résidence féodale de Brunswick. Il était apparemment réservé à la dynastie des Hohenzollern d'ajouter à la série des scandales déjà connus et catalogués par les psychologues d'outre-Rhin, cette chose inouïe, profondément inhumaine : le bonheur sans la bonté.

Les semaines, les mois, les années passaient, apportant tour à tour leur part de misères sans cesse renouvelées ou prolongées. Au mois de février 1916, le camp de Holzminden contenait de seize à dix-huit mille captifs et captives. La discipline de ce pénitencier était féroce et taquine à la fois. Pour la moindre infraction à des règlements que personne ne connaissait, hormis les gardiens, on était puni rigoureusement. Mme Delattre, de Beaumont-Hamel, a vu deux de ses compagnes d'infortune mises au piquet, pour une faute qu'elle a toujours ignorée [1]. On les forçait à se tenir debout, toute une journée, depuis le matin jusqu'à six heures du soir, surveillées de près par des sentinelles, sans bouger, sans manger [2]...

Dans ce camp de la faim, « tout le monde toussait ». N'a-t-on pas le droit de se demander, hélas ! en faisant ces constatations désolantes, si la science barbare des professeurs allemands ne s'est pas

---

1. Témoignage d'un réfugié de l'Aisne, M. V..., âgé de 55 ans, qui a déposé sous serment, le 14 mars 1916, devant M. Tachet, juge de paix à Crécy-en-Brie.

2. Témoignages de Mlle Dubuffet, de Mmes Augustine et Aurélie Pajot, Morel, Vivier, Ducastel, Féret, toutes domiciliées à Beaumont-Hamel (Somme), entendues par la Commission d'enquête. M. Gerard, ancien ambassadeur des États-Unis à Berlin, a prononcé, le 10 avril 1917, au *Canadian-Club*, un important discours où il a signalé les mauvais traitements infligés aux prisonniers français et anglais en Allemagne.

appliquée méthodiquement à cultiver des germes
infectieux dans l'organisme débilité de nos malheureux compatriotes, afin de nous renvoyer des pro-
pagateurs d'un terrible fléau, souvent étudié dans
les congrès médicaux de la docte Allemagne ? Ainsi
s'expliqueraient ces déportations, suivies de rapa-
triements, dont la raison déterminante nous échap-
perait si nous ne mettions en ligne de compte cet
exécrable motif. Ce plan destructeur serait d'ailleurs
tout à fait conforme aux théories énoncées dans
certains ouvrages du soi-disant pacifiste Ostwald,
docteur en chimie et en médecine, professeur à
l'université de Leipzig, auteur d'un certain nombre
de traités sur l'Energie et l' « Energétique [1] ». Lorsqu'on réussit à vaincre l'ennui qu'infligent au lec-
teur français ces élucubrations d'outre-Rhin, l'on
découvre que l'idée fixe de cet auteur et de ses
collègues, c'est de tuer l'énergie vitale chez tous
ceux qui sont leurs adversaires ou qu'ils considèrent
comme tels. Leur méthode consiste à faire la guerre
scientifique à l'aide de tous les moyens chimiques
dont ils disposent. Les manipulateurs allemands qui
ont trouvé, dans leurs laboratoires, la formule des
pastilles incendiaires et des gaz asphyxiants ne sont
pas hommes à reculer, par l'effet d'un scrupule
tardif, devant une pareille application des plus
récentes découvertes de la bactériologie. Plusieurs
personnes dignes de foi, et dont le témoignage a été
recueilli sous serment, ont dit à la commission d'enquête : « Nous sommes restées cinq semaines à
Holzminden ; quand on nous a renvoyées, on a

1. *D. Energie*, 1908 ; *Energ. Grundl. d. Kulturwiss.*
1909.

gardé les hommes de dix-sept à soixante ans. S'ils demeurent longtemps au camp, ils deviendront sûrement tuberculeux[1]. » Le rapporteur de la Commission d'enquête, magistrat prudent et réservé dans ses conclusions, honnête homme, noblement soucieux de ne constater que des faits prouvés et de ne point prononcer d'autres paroles que celles qui lui sont dictées par sa conscience, n'a pu se défendre d'une horrible pensée en voyant l'état des otages que les Allemands ont enlevés au mépris du droit des gens, et qu'après une sorte de stage affreux dans un foyer de tuberculose, ils renvoient en France afin d'y propager une contagion savamment préparée. « Pendant le cours de notre enquête, dit-il, nous n'avons cessé d'entendre la toux obsédante qui déchirait les poitrines. Nous avons vu de nombreux jeunes gens dont la gaieté semblait morte, et dont les visages émaciés et pâlis décelaient la tare physique, déjà peut-être irréparable. Aussi la pensée nous venait-elle, malgré nous, que la scientifique Allemagne, qui se targue si volontiers d'avoir toujours marché à la tête des nations dans la lutte contre la tuberculose, semble avoir appliqué son esprit de méthode à préparer dans notre pays la propagation du fléau redoutable qu'elle a si ardemment combattu chez elle. »

On ne sait pas encore au juste combien de nos infortunés compatriotes sont morts au camp de Holzminden. On y voyait « tous les jours des enterrements ». Les survivants ont parlé. Le traitement dont ces victimes se plaignent fut également infligé aux prisonniers de Güstrow et de Parchim, dans le

____

1. *Rapports et procès-verbaux d'enquête*, tome II, page 52.

fief de Frédéric-Frantz, grand-duc de Mecklembourg-Schwerin[1]. A la date du 19 février 1915, une soixantaine de personnes des villages de la Woëvre étaient déjà mortes au camp d'Amberg, chez le roi de Bavière. A cette même date, au camp de Cassel, organisé dans la province prussienne de Hesse, plusieurs habitants de l'Aisne, enlevés de leurs villages, ont vu la concentration de « deux à trois mille prisonniers civils » entassés sous des tentes et couchés sur la paille. Il pleuvait. Chaque matin, ces malheureux se réveillaient « trempés ». Là aussi, « tout le monde toussait ». Même régime, ou peu s'en faut, pour les Français enfermés à Altengrabow, près de Magdebourg, dans la Saxe prussienne, et aussi à Zwickau, à Chemnitz, à Erfurt, à Langensalza, à Mersebourg, à Grafenwöhr, à Quedlinbourg, à Salzwedel, dans les États de Frédéric-Auguste, roi de Saxe, qui, de tous les princes souverains d'Allemagne, est peut-être celui qui a mis le plus de kilomètres carrés à la disposition des geôliers du Kaiser. Chez ce prince ont été déportés les habitants d'Ytres, commune située à dix-sept kilomètres de Péronne et ceux de Prémont, commune de l'arrondissement de Saint-Quentin. C'est aussi sur les bagnes de la Saxe qu'ont été dirigés les habitants de Sinceny (Aisne) et ceux de Coucy-la-Ville, et ceux de La Fère. C'est le duc d'Anhalt,

---

1. A Güstrow ont souffert plusieurs habitants d'Aulnois-sous-Laon et de Flavy-le-Martel, commune de l'arrondissement de Saint-Quentin. A Parchim, où furent déportés les habitants de Craonne, deux prisonniers qui demandaient à manger ont été tués à coups de crosse. Le fils d'un de ces deux prisonniers, ayant essayé de protéger son père, fut mis pendant huit jours au poteau, de midi à deux heures, attaché par le cou, par les pieds et par les mains.

Frédéric II, qui se chargea d'interner dans son domaine, au camp de Zerbst, les villageois de Leury. Trois de ces villageois, trois jeunes garçons dont le plus âgé n'a pas plus de dix-huit ans, ont dit à la commission d'enquête : « Nous avons été beaucoup battus... » Les vieux n'étaient pas moins maltraités au camp de Zerbst.

Le traitement ainsi organisé dans les divers royaumes ou duchés de l'empire germanique, s'achevait d'ordinaire chez le grand-duc Frédéric de Bade, dans les casemates de Rastadt. Cette forteresse, dont la sinistre renommée s'associe tragiquement au souvenir des plénipotentiaires français du congrès de 1799, massacrés par ordre d'un kaiser autrichien, a laissé de lugubres images dans la mémoire des Français, des Françaises qui, pendant ces dures années d'épreuve, 1914, 1915, 1916, 1917, 1918, ont connu toutes les horreurs de la déportation et de la captivité en Allemagne. Les femmes de Beaumont-Hamel, notamment, furent enfermées dans les casemates du grand-duc de Bade, pendant quatre jours « sans pouvoir se coucher, à cause de la vermine qu'on voyait courir »... et qui « grouillait ». Les déportés de Suzy et de Nampcel y furent emprisonnés pendant huit jours, au milieu des pneumonies contractées dans l'humidité de cette geôle infecte.

« C'est là que nous avons été le plus mal », a dit, en parlant de Rastadt, Mme Delattre, cultivatrice à Beaumont-Hamel. Même témoignage chez tous ceux, chez toutes celles qui ont partagé cette captivité. La monotone et poignante doléance de ces vieillards, de ces femmes, de ces enfants a profondément ému le cœur des magistrats enquêteurs qui l'ont entendue

Cliché Service Photographique de l'Armée.

Le château de Ham.

et recueillie. Un témoin digne de foi, qui a signé sa déclaration après avoir juré de dire la vérité, affirme « qu'il a eu sous les yeux un spectacle lamentable, celui de trois ou quatre cents jeunes gens, arrêtés dans le nord de la France et qui étaient comme des loups affamés. Ils se tuaient presque pour attraper un petit morceau de pain, lorsque d'autres prisonniers, plus fortunés qu'eux, pouvaient leur en donner ». Cela se passait à Rastadt. Deux enfants, Charles Hainzelin (dix-sept ans) et Georges Munier (treize ans) ont dit : « Nous avons fait deux séjours à Rastadt... Nous avons été extrèmement mal. Nous étions dans la vermine, et on lâchait des chiens pour nous obliger à nous rassembler. »

Il faut que la voix de ces humbles gens de France, vieillards, femmes, enfants, arrachés violemment de la terre natale, réduits en esclavage, entraînés de force au fond de l'Allemagne, livrés, comme un bétail, à la dent joyeuse des dogues d'un grand-duc, s'élève au-dessus des trônes de ces majestés et de ces altesses d'outre-Rhin, afin que la plainte des captifs nous donne toute la mesure de la servilité des hauts et puissants seigneurs de l'empire germanique, vassaux qui furent assez domestiqués pour devenir des gardes-chiourme au service et aux gages du Kaiser. La déportation de nos compatriotes de la Picardie martyre a duré jusqu'à la veille du jour où Hindenburg, désormais incapable de se maintenir en des positions menacées par l'évidente supériorité de nos forces militaires, se résigna au recul forcé qui a libéré Roye, Noyon, Lassigny, Péronne et tout le pays d'alentour. Le 17 février 1917, les Allemands, avant de détruire par des explosions de mines et de bombes, l'hôtel de ville et l'église Saint-Pierre, à Roye, ont procédé à l'enlèvement en masse des habitants de seize à soixante ans. Cent quatre-vingt-deux personnes ont été soumises à cette déportation qui a causé le désespoir de toutes les familles. L'évacuation des jeunes filles a donné particulièrement lieu aux scènes les plus douloureuses. Le 13 mars, vingt-trois personnes, notamment plusieurs maires des localités voisines du chef-lieu de canton, quittèrent ainsi, de force, leurs foyers dévastés. Dans l'arrondissement de Péronne, le canton de Roisel fut particulièrement éprouvé par ce système de dépopulation méthodique et féroce.

VIII

LE BOULANGER DE FLERS

Flers est le chef-lieu d'une petite commune du
canton de Combles, à vingt kilomètres de Péronne,
à sept kilomètres de Bapaume. On y comptait un
peu plus de trois cents âmes, et parmi les familles
de la localité, il n'en était pas de plus estimée que
celle de M. Charles Delmotte, boulanger. C'était « un
très brave homme[1] ». Ses compatriotes libérés du
joug allemand sont unanimes à faire son éloge. Il
avait fourni de ses deniers une somme de deux

1. Témoignage de M. Carpentier (Alphonse), cultivateur à
Flers, qui a déposé sous serment, le 28 août 1915, à Moyenne-
ville (Somme) devant la Commission d'enquête. Le témoin a été
lui-même expulsé de sa commune, comme « bouche inutile » parce
qu'étant malade il fut jugé incapable de travailler pour les
Allemands. Ceux-ci l'envoyèrent à Bapaume, entre deux argou-
sins en le séparant violemment de sa femme et de ses deux
fils, âgés l'un de dix-sept ans, l'autre de quatorze ans. Comme
Mme Carpentier voulait au moins accompagner son mari un bout de
chemin sur la route de Bapaume, elle en fut empêchée par les
baïonnettes allemandes... « C'est tout de même un peu fort, a
dit le témoin, d'être traité de bouche inutile par ceux qui vous
ont dépouillé de tout votre bien. » V. *Rapports et procès-
verbaux d'enquête* de la Commission instituée en vue de constater les actes commis par l'ennemi en violation du droit des
gens, tome V, page 103.

mille francs, pour la contribution de deux mille cinq cents francs, dont la commune avait été frappée. Sur réquisition des autorités allemandes, il fit du pain pour la troupe pendant le premier mois de l'occupation. Comme la farine manquait, il était obligé d'aller en chercher, à ses frais, à Bapaume, où les Allemands, ayant pris possession du moulin, lui vendaient eux-mêmes cette farine, à la place des minotiers ! N'étant point rémunéré de son travail, autrement qu'en bons de réquisition qui n'étaient jamais acquittés, il réclama son dû, en déclarant « ne plus vouloir faire le pain pour eux sans être payé de la farine qu'il était obligé d'acheter ». C'est alors que les Allemands résolurent de se débarrasser de cette créance en supprimant le créancier. Ils trouvèrent sans peine, dans les cours professés à leur *Kriegsakademie* et dans le manuel de guerre élaboré par le grand état-major de Berlin, la méthode à suivre et le prétexte à inventer pour fusiller un honnête homme et un bon Français de plus. Ils allèrent trouver le maire, et lui demandèrent perfidement s'il y avait des chasseurs dans sa commune. Ayant recueilli ainsi des renseignements sur Delmotte qui, en effet, allait volontiers, entre deux fournées, tirer quelques perdreaux dans les bois d'alentour, ils firent une perquisition chez lui, ne trouvèrent point de fusil. Mais, sans défiance, il leur remit une boîte contenant quelques cartouches, plus deux chargeurs, l'un français, l'autre allemand, et des éclats d'obus que son jeune fils avait ramassés dans les champs. C'était plus qu'il n'en fallait pour le perdre. Ils l'enfermèrent immédiatement dans sa cave. Et, quelques heures après, l'infortuné boulanger était fusillé dans son jardin, devant une fosse creusée d'avance. Les bons de réquisition, signés et timbrés par l'autorité allemande, furent ensuite retirés à la veuve de l'homme assassiné.

M. Carpentier, cultivateur, a entendu, dans la matinée du 27 octobre 1914, les deux coups de feu qui ont tué le boulanger Delmotte. Un autre hâbitant de Flers. M. Adolphe Hannonin, journalier, a pu voir, de sa fenêtre, les détails de cette scène atroce. Le lendemain, 28 octobre, le commandant allemand fit dire à Mᵐᵉ Delmotte, par le garde champêtre, qu'elle pouvait envoyer quelqu'un chercher le corps de son mari, pour l'inhumer dans le cimetière.

Tandis qu'un funèbre cortège accompagnait à sa dernière demeure cette infortunée victime de la férocité germanique, le chef allemand, auteur de ce meurtre, aggravé de vol, faisait une perquisition dans les caves, pour y chercher de l'argent et du vin.

IX

LES TRAVAUX FORCÉS

Par ordre supérieur un odieux régime de travaux
forcés et d'esclavage en masse fut organisé dans
les départements envahis.

Sur les murs croulants des mairies et des églises
que les Allemands en retraite ont fait sauter à la
dynamite, on peut lire encore, çà et là, sur des
lambeaux de papier, la signature des divers personnages à qui le Kaiser Guillaume II avait confié le
soin de perfectionner sans cesse et de surveiller
cette organisation. Ces documents, qui sont les
derniers vestiges d'une époque abhorrée, signalent
à l'attention des historiens les noms d'un certain
nombre d'hommes qui, tôt ou tard, célèbres ou obscurs, auront à rendre compte de leurs innombrables
méfaits. Sur ces débris des affiches rédigées par les
dignitaires du haut commandement allemand ou
par les fonctionnaires de la plus modeste « kommandantur », les noms de Leurs Excellences Fritz
von Below et Max von Fabeck, officiers généraux
du premier rang, poussés de grade en grade par la
faveur personnelle du Kaiser, voisinent avec des
noms de subalternes ou de comparses, tels que le
major Josephson, le capitaine Olop et le colone₁

Gloss. Ce colonel Gloss mérite une mention particulière, parce qu'il est l'auteur et le signataire d'un règlement, écrit de sa main, et que l'on a pu copier et même photographier, sur place, dans la petite commune d'Holnon, à cinq kilomètres de Saint-Quentin. Ce règlement est ainsi conçu :

Holnon, le 20 juillet 1915.

Tous les ouvriers et les hommes et les enfants de 15 ans sont obligés de faire travaux des champs tous les jours, aussi dimanche, de quatre heures du matin jusque huit heures du soir (temps français).

Récréation : une demi-heure au matin, une heure après-midi.

La contravention sera punie à la manière suivante :

1º Les fainéants ouvriers seront combinés *pendant la récolte* en compagnie des ouvriers dans une caserne sous inspection des corporaux allemands [1]. *Après la récolte*, les fainéants seront emprisonnés six mois ; le tfoisième jour, la nourriture sera seulement du pain et de l'eau.

2º Les femmes fainéantes seront exilées à Holnon pour travailler. *Après la récolte* les femmes seront emprisonnées six mois.

3º Les enfants fainéants seront punis de coups de bâton.

De plus, le commandant se réserve de punir les fainéants ouvriers de vingt coups de bâton tous les jours.

Les ouvriers de la commune Vendelles sont punis sévèrement [2].

Signé : GLOSS,
colonel et commandant.

Sur cette pièce est apposé le cachet de la kom-

---

1. Gloss veut dire sans doute que le contingent de ces « fainéants » formera des « compagnies d'ouvriers », dans une caserne et que ces compagnies seront encadrées par des caporaux, allemands.

2. Vendelles est une commune du canton de Vermand, près de la ligne de chemin de fer économique de Bertincourt à Saint-Quentin. Cet aveu de Gloss est bon à retenir.

mandantur d'Holnon et, tout à côté, Gloss a griffonné de sa main cet ordre impératif : *Afficher!*

Ainsi, les habitants de cette commune française, hommes, femmes, enfants, vieillards, travaillaient depuis la première aube jusqu'au dernier rayon du soleil couchant, sous le bâton d'un garde-chiourme. Tels, ces captifs d'Asie, que les plus anciens monuments de Ninive ou de Babylone nous montrent, peinant et souffrant du matin au soir, sous la courbache des bas officiers d'Assourbanipal ou de Tiglatphalasar. La conception archaïque et barbare de ce régime de travaux forcés et d'esclavage en masse n'est pas née dans le cerveau obtus d'un Gloss, d'un Olop, d'un Schranck ou d'un Josephson. Ceux-ci ne sont que les exécuteurs d'un vaste plan élaboré, sous l'inspiration directe du Kaiser, à Berlin, dans ce mystérieux immeuble du *Kœnigsplatz* où travaillent les scribes casqués du grand état-major. C'est là que les disciples du vieux Moltke, déjà très dur, furent peu à peu remplacés par les disciples de Schlieffen, résolûment féroce. Ce Schlieffen, général sans gloire, écrivain militaire dont le mérite n'égale pas les prétentions, fut maintenu, pendant de longues années, à la tête du grand état-major par la volonté personnelle de Guillaume II. Créature du maître, qui lui prodigua les faveurs et les titres afin d'augmenter son prestige et son crédit aux yeux des jeunes officiers en quête d'avancement, Schlieffen a formé, selon le dessein du Kaiser, l'équipe que nous avons vue à l'œuvre dans nos départements du Nord de la France, comme en Belgique, en Serbie, en Roumanie... Ses bureaux ont vu passer tour à tour Alexander von Kluck, Karl von Bulow, August von

Mackensen, Paul von Beneckendorff und Hindenburg, venus dans cette officine de dévastation organisée, de dépeuplement prémédité, de meurtre scientifique et d'universel asservissement, pour y apprendre leur métier. Longtemps inconnus du public, même en Allemagne, ces chefs allemands sont entrés dans une sorte de célébrité sinistre, à la lueur des incendies qu'ils ont allumés, parmi les gémissements des innombrables victimes dont ils ont martyrisé le corps et l'âme.

L'autorité militaire française est en possession d'un document qui montre avec quel soin fut étudiée, jusqu'au plus petit détail, dans les conciliabules de l'état-major et dans les conférences secrètes de la *Kriegsakademie* de Berlin, l'organisation des travaux forcés en pays envahis. On a tout prévu : la marque distinctive du forçat, le salut et les autres marques de respect qu'il doit à ses gardiens, les précautions à prendre contre les tentatives d'évasion et pour les manquements à la discipline germanique, enfin une gradation de châtiments qui va de la bastonnade à la peine de mort. Les affiches relatives à ces travaux forcés étaient si bien préparées que, dans certains villages de la frontière lorraine, elles furent posées dès le 5 août 1914.

Ce règlement fut appliqué à la lettre, hormis toutefois sur un point essentiel. Les organisateurs de cet esclavage avaient prévu, pour les esclaves, un léger salaire, sans proportion avec le travail exigé, mais enfin un salaire. Or, il est avéré, par des témoignages recueillis sous la foi du serment, que, dans la Somme et l'Aisne notamment, les pauvres gens réduits à l'état de forçats par les officiers allemands, selon les ordres donnés par le grand quartier général, ont travaillé pour le roi de Prusse sans recevoir d'autre rétribution que des insultes et des coups. On peut même citer un citoyen suisse, âgé de cinquante-trois ans, que « depuis le 5 septembre 1914, les Allemands ont obligé à travailler tous les jours aux travaux les plus répugnants et à se présenter deux fois par jour à l'appel, sans jamais lui donner un centime[1] ».

Du reste, nous possédons l'aveu cynique et officiel de cette méthode de guerre, organisée par le haut commandement de l'armée allemande. Le 28 juillet 1915, une affiche de couleur bleue, posée sur les murs par ordre de la kommandantur, notifiait aux habitants des localités envahies ce qui suit :

Toute la récolte (seigle, blé, avoine, orge) est réquisitionnée pour l'armée allemande.

Les cultivateurs et les propriétaires recevront de l'armée allemande, après la récolte, la part qu'elle jugera suffisante. Ils seront obligés, *sans aucune rétribution*, à aider à la récolte par ordre de l'administration allemande.

Il est sévèrement interdit de couper et de rentrer les récoltes sans que l'ordre leur en ait été donné ; ils seraient punis d'une amende jusqu'à cent marks ou de prison jusqu'à deux semaines s'ils contrevenaient aux ordres de l'armée allemande.

Conformément à cette méthode et en dépit de l'article 52 de la convention de La Haye, signée par l'Allemagne, et disant que « les prestations en nature seront, autant que possible, payées au comptant, sinon, elles seront constatées par des reçus, et le payement des sommes dues sera effectué le plus tôt possible », les habitants de Bernes, dans

1. Déposition faite devant M. le Consul général de France à Bâle, le 10 février 1916.

l'arrondissement de Péronne, ont été forcés de travailler sans recevoir ni argent ni nourriture. Ils vivaient de pommes de terre, ramassées dans les champs. Une malheureuse femme de cette commune a vu un de ses enfants mourir sous le coup de l'émotion causée par les menaces de mort et par les gestes terrifiants des ennemis ; son autre fils, Emile, âgé de seize ans, a été frappé violemment, à coups de bâton, de pieds et de poings. Trois communes du canton de Roisel (Bernes, Vendelles, Hancourt) ont particulièrement souffert des brutalités de l'occupation allemande. Le colonel Gloss, le tyranneau d'Holnon, s'est publiquement vanté de la « punition » infligée aux habitants de Vendelles. On sait ce que cela veut dire. Quant à Hancourt, les habitants de cette commune ne suffisant pas à la peine, les Allemands envoyèrent sur place une équipe de cent jeunes gens, détachés du dépôt de prisonniers civils qu'ils avaient concentré à Landrecies. Cela se passait le 13 mars 1915. Ces jeunes gens avaient été enlevés de Saint-Quentin, au nombre d'un millier, le 5 décembre 1914. Plusieurs sont morts de fatigue. L'un d'eux a écrit et signé la déclaration suivante !

A Landrecies, on nous force à travailler de 6 heures du matin à 4 heures du soir, et quand on se fait porter malade, on vient vous chercher quand même et l'on vous force à travailler ; si l'on se rebelle un peu, on a trois jours de cellule, au pain et à l'eau.

J'ai vu un camarade, qui avait tenté de s'évader, être frappé et avoir les mains attachées derrière le dos pendant cinq jours de cellule.

Le 13 mars, 100 d'entre nous furent envoyés travailler à Hancourt, dans la Somme, pour arracher des betteraves : l'on partait le matin à 6 heures, jusqu'à 6 heures du soir, et souvent, quand on relevait la tête et quand on restait quelques minutes sans travailler, les soldats se précipitaient sur nous et, en criant : « Hof, hof... » nous frappaient avec leur crosse de fusil, ou nous jetaient des betteraves à la figure.

Comme nourriture, nous avions une boule de pain allemand pour trois jours ; du café qui est plutôt de l'eau sale, le matin : une soupe à midi, faite avec du riz ou du blé ; puis le soir, du café.

Il arrivait souvent que nous ne touchions pas de pain, parce que le convoi, disaient-ils, était retardé par les Français ; maintenant, quand quelques camarades s'évadaient, nous étions privés de nourriture, pendant deux jours nous n'avions que du café pour toute nourriture.

Il y a eu dix camarades qui se sont évadés ; le lendemain huit ont été repris, ils ont reçu plus de deux cents coups de cravache et privés de pain pendant deux jours, et on les a conduits travailler, les gardiens avec des bâtons, et quand l'un d'eux relevait la tête, ils recevait un coup de bâton. On est obligé d'avoir l'allure militaire, de se mettre au « garde à vous » et de saluer les officiers allemands.

Le 13 mai, nous sommes retournés à Landrecies, où l'on toucha comme nourriture 250 grammes de pain et, à 4 heures, la soupe, avec du riz et un morceau de viande qui sent et que l'on est souvent obligé de jeter, et l'on est forcé de travailler, on va à la forêt où l'on transporte des troncs d'arbre, ou bien l'on charge du coton ou de vieux métaux qu'on transporte en Allemagne.

On pourrait multiplier les témoignages, sans épuiser la variété des corvées imposées par la brutalité allemande aux populations de la Picardie martyre. Ici c'est un homme de soixante-cinq ans, qui a reçu des « coups de pieds et de crosse parce qu'il n'accomplissait pas assez vite le travail forcé qu'on lui avait marqué ». Là, ce sont des équipes qui sont requises pour le creusement des tranchées, pour le transport des obus, pour l'enlèvement des bombes non explosées, ou même pour la pose de fils de fer barbelés. Ceux qui refusaient de faire ces corvées étaient emmenés à la kommandantur

et de là en Allemagne. A Saint-Quentin, plusieurs
centaines de femmes furent enfermées dans une
école de la ville, pour confectionner des sacs à terre,
destinés aux tranchées allemandes. Plusieurs de
ces prisonnières furent ainsi détenues pendant un
espace de trois mois. Le règlement de cette ergas-
tule était impitoyable. Défense absolue de sortir. Réveil sonné à 5 heures du matin. Travail toute
la journée, sans répit, jusqu'à 7 heures du soir.
« Nous travaillions par équipes, a dit l'une d'elles,
âgée de vingt-cinq ans, presque toutes nous travaillions même activement, dans la crainte d'être battues. Quelques-unes, qui ne voulaient travailler que
tout autant qu'elles seraient nourries convenablement, furent violemment frappées avec un martinet
ou à coups de pied. Certaines reçurent un broc d'eau
sur la tête, et des coups ensuite. » Les Allemands,
toujours méthodiques, traitaient par la douche et par
le fouet les révoltes bien naturelles de la jeunesse
et de la faiblesse contre cet abominable abus de la
force. Comment nourrissaient-ils ces centaines de
femmes et de jeunes filles, dans cette école transformée en bagne ? Une briquetière de Saint-Quentin,
âgée de vingt-six ans, qui fut aussi condamnée
par les Boches à ces travaux de confection des
sacs à terre, nous le dit avec précision : « Des choux-
raves à midi : des carottes le soir, le tout cuit à
l'eau seulement, sans sel, ni beurre, ni graisse, et
environ la valeur d'un sou de pain pour toute la
journée. Les dimanches, parfois du riz, parfois des
pommes de terre, avec un peu de gras de bœuf. »

X

TÉMOINS ET TÉMOIGNAGES

Plusieurs conseils généraux des départements de France, notamment ceux de l'Allier, du Puy-de-Dôme, des Basses-Pyrénées, de l'Yonne, des Deux-Sèvres ont désigné des délégations qui eurent pour mission de constater, sur place, la situation dans laquelle l'ennemi, par ses destructions systématiques, avait laissé nos territoires reconquis. Il faut, en effet, qu'à l'intérieur de la France, dans les contrées que leur situation géographique et la vaillance de nos défenseurs a préservées des risques de l'invasion, chacun se rende un compte exact des ruines matérielles et morales que l'ennemi en retraite accumula dans les régions dévastées. C'est un devoir de conscience, que d'aller, parmi ces ruines, tendre une main secourable à nos frères affligés.

Les incendiaires de la collégiale de Saint-Quentin avaient entrepris d'anéantir, chez nous, la vie sociale par le démembrement des communes et par la dislocation des familles, la vie agricole par le sabotage méthodique des outils du laboureur et par la stérilisation du sol, la vie industrielle par la destruction des machines et des usines, la vie commerciale par le pillage des banques. Ils ont

pensé à tout ce qu'ils pouvaient faire de mal, même
à supprimer l'état-civil de nos infortunés compatriotes, même à effacer du sol ravagé les limites
de la propriété individuelle, en ôtant aux communes
leurs archives municipales et leur plan cadastral.
Toute cette malfaisance avait été préméditée de
longue date, prévue dans le moindre détail, prescrite
pas ordre supérieur, au fond de ces bureaux
mystérieux du *Kœnigsplatz* où le grand état-major
de Berlin, sous l'œil du Kaiser allemand, roi de
Prusse, a élaboré en secret, minutieusement, atroce-
ment le plan qui devait aboutir aux « buts de guerre »
que s'étaient proposés les reîtres à lunettes de la
cour de Potsdam et les professeurs-chambellans des
universités d'outre-Rhin.

Réduire en esclavage la population française et
condamner aux travaux forcés toutes les personnes
réputées capables de manier un outil ou de soulever
un fardeau ; briser d'avance toute velléité de résistance en appliquant sans pitié les principes de
terrorisme qui sont énoncés dans le *Kriegsbrauch
im Landskriege*, manuel de guerre à l'usage des
subordonnés de Guillaume II ; s'acharner sur l'humanité souffrante et torturer la nature elle-même
en assassinant par un coup savamment calculé les
arbres fruitiers dans les vergers de Picardie ; abo-
lir la vie morale par le déchirement des cœurs ;
s'attaquer à l'intelligence française par la destruction
scientifique des monuments de notre art national,
telle est l'œuvre où le Kaiser allemand, roi de Prusse,
a engagé ses responsabilités personnelles en
adressant personnellement ses félicitations impériales à ses dignes lieutenants, Hindenburg et
Ludendorff.

Il faut que la vérité soit partout proclamée, partout connue, et que la manière dont les Allemands entendent les lois de la guerre et le respect du droit des gens soit exposée à tous les yeux. Déjà les documents abondent. Nous avons les cinq volumes de rapports et de procès-verbaux qu'a publiés la Commission d'enquête, sous la présidence de M. Georges Payelle, premier président de la Cour des comptes. Nous avons aussi la *Note* diplomatique adressée par le gouvernement de la République française aux gouvernements des puissances neutres sur la conduite des autorités allemandes à l'égard des populations des départements français occupés par l'ennemi. Cette note est suivie des documents relatifs à l'enlèvement en masse et à la dispersion des femmes et des jeunes filles de Lille, Roubaix, Tourcoing. C'est là qu'on a pu lire cette lettre admirable et poignante d'une dame de Lille, rappelant ce qui s'est passé au chef-lieu du département du Nord, par ordre du major, commandant d'étapes, von Græwenitz. Ces documents ne sont pas assez connus. Il faut les répandre. Il faut les commenter de vive voix. Communiqués au conseil général d'un département de l'ouest, ils ont motivé, de la part de cette assemblée, une motion affirmant la solidarité de tous les Français, envahis ou non, dans la revendication nécessaire des réparations légitimes et des justes indemnités. Lus dans une mairie de village, au chef-lieu d'une lointaine commune, accueillante pour les réfugiés, ces documents ont donné lieu aux plus touchantes manifestations d'amitié française. Il y aura un mouvement d'unanime protestation et un renouveau d'énergie combative dans toute la nation, lorsque la vérité complète sera connue de

Cliché Service Photographique de l'Armée

Vue générale de Flers.

toutes les assemblées départementales et aura pénétré dans toutes les communes de France.

Pour connaître cette vérité, rien ne vaut la vision directe. On ne peut se faire une idée exacte et totale de ces dévastations, si l'on ne va pas, sur place, en considérer toutes les horreurs. Il faut parcourir les villes et les villages de l'Oise, de l'Aisne, de la Somme que le feld-maréchal Hindenburg, au moment de son recul forcé, a ravagés rageusement par le fer et par le feu. Là-bas, la maison du riche et le logis du pauvre, le château et la chaumière, l'atelier et l'usine, l'église, la mairie, l'école ont subi la même loi de nivellement par la dynamite ou d'écroulement dans les flammes. En voyant les paysages, autrefois florissants et fertiles, où gisent ces débris informes, on mesure toute l'énormité de la barbarie à laquelle nous avons échappé. Il n'y aura jamais trop de témoins pour recueillir les preuves du crime et pour en poursuivre le châtiment. Il n'y aura jamais assez de voix pour proclamer à la face du monde la nécessité des sanctions exigées par le verdict de la conscience universelle et stipulées formellement par le traité de Versailles.

C'est en vain qu'O'Donnell Bennett, correspondant berlinois de la germanophile *Tribune* de Chicago, télégraphiait à son journal, le 3 avril 1917, par le poste radiographique de Nauen, mis à sa disposition par les autorités allemandes, afin de démentir des faits prouvés par d'innombrables témoignages, au milieu desquels on n'a que l'embarras d'un pénible choix. La route de Lassigny à Roye traverse la petite commune de Verpillières. Cette malheureuse commune a été le triste théâtre des faits suivants.

G. DESCHAMPS.

6

Léger (Raoul), âgé de 53 ans, cultivateur à Ver-pillières (Somme) a été emprisonné, comme otage, avec un grand nombre de ses concitoyens dans l'église d'Amy, le 30 septembre 1914. Relâché dans la soirée du même jour, il fut arrêté de nouveau, le 8 octobre suivant, sous prétexte qu'il avait une installation téléphonique dans sa ferme. A vrai dire, étant abonné au réseau du département, il possé-dait un appareil, mais les fils en étaient coupés. Pendant une heure, maintenu devant sa porte avec son berger Maufroy, il vit une trentaine de soldats, s'emparer de sa maison et la piller de fond en comble. Sa femme et ses beaux-parents furent consi-gnés dans la cuisine, avec défense de bouger avant quatre jours. Quant à lui, on le fit comparaître devant un espèce de conseil de guerre que prési-dait un général. Ce tribunal interrogea quelques soldats et refusa d'écouter l'accusé, qui ne put pro-noncer un seul mot. La séance levée, on l'emmena, sans lui faire connaître la décision de ses juges, dans l'église d'Amy, où deux soldats, commis à sa garde, le forcèrent à se tenir à genoux pendant toute la nuit. Le lendemain, 9 octobre, à 11 heures du matin, les ennemis enfermèrent dans l'église tout ce qui restait d'hommes dans le village. Douze de ces malheureux étaient marqués d'une grande croix bleue sur la joue droite. A midi et demi, on donna le signal du départ, et les prison-niers, en rangs, quatre par quatre, furent acheminés vers Noyon, sous une escorte de gendarmes qui leur donnaient, de temps en temps, des coups de plat de sabre. Ce triste cortège arriva, vers 5 heures du soir, aux faubourgs de Noyon, hormis les douze prisonniers marqués d'une croix. Ceux-ci

furent gardés en route, au village d'Avricourt.
Pourquoi ? On l'ignore. On sait seulement que deux
de ces malheureux, marqués comme des moutons
pour la boucherie, furent ramenés à Verpillières.
L'un s'appelait Poizeaux, agriculteur, âgé de 47 ans ;
l'autre était un vieillard de 78 ans, du nom de Vasset,
également agriculteur. Un peloton d'exécution, com-
posé de deux soldats du 17e régiment d'artillerie et
de deux du 31e d'infanterie, attendaient ces victimes,
désignées, on ne sait pour quelle cause, à la fureur
de nos ennemis. Poizeaux fut tué devant le mur
de l'église. Vasset fut tué devant le mur de la
grange du témoin. Mme Léger, la fermière de Verpillières, a entendu les détonations, et a vu les
trous faits par les balles dans le mur de sa propriété... Et ce n'est qu'un des innombrables assas-
sinats dont les détails nous ont été rapportés par
des témoins dont la plupart furent des victimes de
la brutalité allemande.

XI

HINDENBURG ET LUDENDORFF

Aux approches du printemps de 1917, le journal espagnol *A. B. C.*, organe des germanophiles de Madrid, recevait de son correspondant accrédité auprès du Grand Quartier Général allemand, la dépêche suivante, par télégraphie sans fil :

Berlin, 19 mars, 22 heures 30 — en espagnol —

Pr 459. — « *A. B. C* », Madrid.

... J'ai été choisi par le Grand Quartier Général pour assister à un événement militaire de la plus haute importance. En effet, pour la première fois depuis que les Allemands ont dressé la muraille inexpugnable qui s'étend depuis la mer jusqu'à la frontière suisse, on passe de la lutte de positions à la guerre de mouvement. Ainsi en a décidé le chef suprême de l'armée allemande, Hindenburg.

Le plan qui s'exécute aujourd'hui était en préparation depuis déjà plusieurs mois. C'est une idée de génie qui l'a inspiré, et cette opération sera considérée comme l'une des plus grandes victoires stratégiques de l'Allemagne.

A l'heure où j'écris ces lignes, l'armée allemande se prépare à évacuer certaines parties de son front. Des millions de soldats qui, depuis 30 mois, menaient une vie de taupes, vont sortir de leurs trous pour combattre en terrain découvert. Le front allemand se retire sur de nombreux kilomètres et l'on ne sait ce qu'il faut admirer le plus, la façon merveilleuse dont le plan est exécuté, ou le courage avec lequel le maréchal

Hindenburg secondé par le ... du général Ludendorff, défie l'opinion du monde entier. Le fait de céder du terrain à l'ennemi pouvait entraîner certaines conséquences : faire croire que les forces de l'Allemagne étaient épuisées, ranimer le courage de l'ennemi qui pouvait croire qu'il avait lui-même remporté la victoire ; enfin, décourager la nation allemande à la vue de la retraite de ses armées.

Mais on ne tardera pas à s'apercevoir que la véritable victoire est pour les troupes qui ont opéré cette retraite. Elle est similaire à celle qui a entraîné la bataille de Tannenberg et à celle de la Vistule, à la suite de laquelle un royaume entier s'est ajouté à l'Empire. Des généraux qui ont su tirer un tel parti de la retraite, doivent inspirer confiance à leurs soldats, à leur nation, à leurs adversaires eux-mêmes.

Depuis le début de la guerre, l'initiative de la lutte fut... (entre les mains des Allemands)..., à l'exception des vaines tentatives qui constituèrent l'offensive réalisée par les Français en Champagne en 1915, et celle de la Somme exécutée en 1916 par les troupes françaises et britanniques.

On annonçait pour la seconde quinzaine de mars un suprême effort de la France et de l'Angleterre sur le front occidental. Les préparatifs faits dans ce but sont gigantesques, le matériel accumulé dépasse tout ce que l'on peut imaginer ; des centaines de canons de tous calibres étaient pointés contre chaque portion du front allemand : sur chaque élément de tranchées, sur chaque élément de positions, que les aviateurs français et anglais étudiaient depuis des mois, des milliers d'obus allaient tomber. L'initiative paraissait donc appartenir aux Alliés et les troupes allemandes allaient se voir dans l'obligation de résister à la terrible avalanche. Au même moment la Russie, l'Italie et l'armée de Sarrail devaient entreprendre de leur côtés des opérations offensives.

Hindenburg et Ludendorff ont réussi à garder l'initiative ; ils sont arrivés à rendre inutiles les travaux formidables accomplis par l'opiniâtreté des troupes ennemies. Les projets de l'ennemi sont brisés d'avance par une entreprise d'une simplicité géniale. Il en résultera un raccourcissement considérable du front. Mais, si l'Allemagne s'est décidée à se retirer et à raccourcir son front, ce n'est pas parce qu'elle manque des régiments nécessaires pour le couvrir et le protéger. C'est avec ce front-là que l'Allemagne a réalisé ses grandes offensives contre la Russie, contre la Serbie et contre la Roumanie. Il s'agit aujourd'hui de remporter une victoire stratégique sur les armées françaises et anglaises réunies qui préparaient depuis…, un effort suprême qui, dans l'opinion de leurs généraux, devait produire un résultat certain et définitif.

En se retirant, les Allemands obligent leurs adversaires à les suivre. Par conséquent, les batteries que l'on avait mises en position et les gigantesques dépôts de munitions que l'on avait accumulés pour un bombardement furieux devront être déplacés et transportés en avant et comme les généraux Nivelle et… (ignorent ?)… quelle sera la ligne définitive entre celle que leurs adversaires abandonnent et celle où ils s'arrêteront, ces batteries et ces dépôts de munitions, ainsi que les parcs d'aviation et tout ce qui constitue la cyclopéenne machinerie guerrière qu'ils avaient organisée, tout cela devra être démonté et remonté bien souvent devant chacune des lignes intermédiaires. Les ennemis seront obligés de combattre sans aucun plan préconçu, parce que les études qu'ils ont faites de l'ancien front allemand leur deviennent inutiles et que les cartes qu'ils avaient dressées d'après les observations de leurs aviateurs ne pourront plus les guider dans la lutte qui leur est imposée par l'adversaire. Hindenburg leur a escamoté la cible contre laquelle ils dirigeaient les masses d'infanterie et d'artillerie accumulées depuis un an. En voyant avancer leurs troupes, les peuples français et anglais croiront peut-être à une victoire, mais leurs généraux comprendront que ce sont eux les vaincus. Ils verront combien de milliers d'hommes ils perdront en faisant avancer leurs régiments sur un terrain semé d'obstacles, à travers des terres sur lesquelles se trouvent des positions ou des lignes fortifiées dont ils ignorent absolument l'emplacement, lorsqu'ils devront avancer dans des terrains convertis en désert, où l'on a fait sauter à la dynamite les chemins, les routes, les ponts et les chemins de fer. Sur leur chemin, ils ne rencontreront pas un seul poteau indicateur ; pas un seul village qui puisse leur servir pour se loger ou s'orienter. Sur tout le terrain abandonné par les Allemands, les voies ont été coupées, pour que l'adversaire ne puisse pas s'y cacher ou y établir ses batteries. On a abattu les arbres qui bordaient les routes ; ils ne pourront plus servir à dissimuler la marche des régiments. Ces troupes ne trouveront pas un puits où apaiser leur soif, ni une seule personne à qui demander dans la nuit où elles se trouvent. Les Allemands, en se retirant, feront de cette région ce que l'on appelle en terme militaire un glacis ; en se retirant, les soldats allemands méthodiquement et conformément à leurs plans, emportent ou détruisent tout ce qui peut être utile à leurs ennemis. Ces destructions s'exécutent uniquement pour obéir à des nécessités d'ordre militaire. D'ailleurs, les habitants ne pourraient rester à l'endroit qui va devenir le champ de bataille ; les laisser dans leurs maisons, ce serait les condamner à mourir sous le feu des canons qui, d'ici peu, vomiront le fer et la mitraille sur les kilomètres de terrain abandonnés par les troupes impériales. Nous sommes persuadés que ces troupes sont forcées d'agir ainsi par des motifs d'ordre militaire qui ont déterminé la retraite. Dans toute cette zone, il ne reste pas une seule ligne télégraphique, une seule voie ferrée. Les poteaux, les fils, ainsi que les rails et les traverses, ont été transportés dans la région où va se trouver désormais l'arrière-garde de l'armée allemande.

En résumé, voici en quoi consiste la victoire que cette retraite signifie pour l'Allemagne :

1° Les plans de l'adversaire sont déjoués et les Allemands gardent l'initiative ;

2° Les Allemands conservent leur liberté d'action, puisque l'offensive ennemie est obligée d'avorter ;

3° Pour pouvoir entreprendre des opérations sur les autres fronts secondaires, ou peut-être pour repousser une offensive sur un autre théâtre de la guerre, il ne faudra pas moins de 6 mois aux Français et aux Anglais pour s'établir en face des positions définitives allemandes ;

4° L'ennemi sera obligé de combattre sur un terrain qui lui est inconnu et choisi par l'Etat-Major allemand. Il en résultera pour l'ennemi des pertes considérables ;.

5° Les Allemands abandonnent un front stratégiquement mauvais, imposé par la retraite de la Marne en 1914 et vont occuper un autre front qu'ils ont choisi après mûre réflexion et fortifié suivant les méthodes nouvelles absolument opposées aux méthodes employées jusqu'ici ;

6° Le front se trouve considérablement raccourci.

J'ai parcouru cette région qui, avant longtemps, deviendra le champ de bataille où se précipiteront furieusement des centaines de milliers d'hommes. Les sillons que la charrue a creusés dans ces terres formeront des ruisseaux de sang, car jamais, depuis que le monde existe, on n'a assisté à un drame semblable à celui qui va se jouer sur cette scène.

Les soldats allemands travaillent tranquillement, certains que l'heure de la victoire finale approche. Ils couvrent la terre de fil de fer barbelé et creusent les tranchées où ils attendront l'avance des troupes ennemies. Les peuples de l'Entente marchant vers l'inconnu, chanteront des hymnes de joie ;

mais leurs cantiques seront peut-être interrompus brutalement par un nouveau bond du tigre qui se ramasse sur ses pattes pour se jeter avec plus de violence sur sa victime.

Je continuerai à informer les lecteurs de l'*A. B. C.* des événements qui vont se passer.

Antonio Azpeitua.

La manœuvre militaire de Hindenburg et de Ludendorff étant liée à des manœuvres politiques non moins importantes l'*A. B. C.* de Madrid recevait, quelques jours après, la dépêche suivante :

Berlin, 16 avril, 23 h. 15.

Il se produit en ce moment un rapprochement entre le peuple russe et les puissances centrales. La Révolution russe se retourne contre l'Entente et bouleverse tous les projets que celle-ci avait conçus. Dans les milieux socialistes et radicaux, les paroles des socialistes allemands ont trouvé plus d'écho que celles des socialistes français et suédois que l'Entente a envoyés à Pétersbourg pour y travailler en faveur de la continuation de la guerre. C'est bien le résultat que nous espérions. Chez le peuple russe, épuisé par la guerre, l'homme qui vient parler de la paix devait forcément rencontrer un accueil plus favorable que celui qui vient prêcher la guerre.

L'Entente, ayant vu échouer l'arme qu'elle a employée contre l'Allemagne et qui consistait à accuser celle-ci de s'efforcer de placer de nouveau un Romanov sur le trône, est en train d'en essayer une autre ; elle cherche à faire croire au peuple russe que les Empires centraux ont en vue le démembrement de sa patrie.

La déclaration faite aujourd'hui par les gouvernements allemand et austro-hongrois a pour but de réduire à néant ces affirmations. Elle reproduit les termes de l'offre de paix faite en décembre dernier par le Chancelier. L'Allemagne affirme qu'elle ne désire qu'une chose : obtenir une paix qui la mette à l'abri de nouveaux complots, et elle déclare que son désir est de vivre dans des relations d'amitié sincère avec le peuple russe. Ces déclarations produisent sur les éléments socialistes et radicaux qui dominent la situation politique russe, un effet qui s'annonce comme excellent. L'Allemagne et l'Autriche savent que le terrain est tout préparé pour que ces déclarations y produisent leurs fruits. La diplomatie des Empires centraux semble devoir faire tourner à leur propre avantage l'œuvre que l'Entente avait commencée. Nous croyons que la paix séparée avec la Russie n'est pas très éloignée.

Azpeitua.

C'est ainsi que, sous l'impérieuse dictée du maréchal Hindenburg et du général Ludendorff, la télégraphie sans fil transmettait du poste de Nauen à toute la presse des pays neutres l'enthousiaste louange d'une admirable opération qui devait mettre fin à la guerre. Un correspondant du *Daily News* de Chicago, spécialement attaché au grand quartier général des armées du Kaiser, datait du 19 mars 1917 une interminable dépêche, pour commenter, en des termes dignes du plus grand stratège de l'état-major berlinois, l'étonnante manœuvre qui allait modifier, de fond en comble, l'aspect du front occidental. Cet homme, apparemment bien renseigné, admire, en connaissance de cause, et d'un air capable, le grand mouvement stratégique, opéré suivant un plan qui bouleverse tous les systèmes rigides de la guerre de tranchées, et qui entraîne les armées hors des ouvrages fortifiés, en terrain découvert. Mais cet historiographe, plein de zèle, officieux, tombe dans une étrange contradiction, lorsqu'il déclare, de la part de ses inspirateurs en casque à pointe, que les villes de Bapaume, de Péronne, de Roye, de Noyon, évacuées par les Allemands, furent à demi détruites par l'offensive de la Somme, et que l'armée du Kaiser les avait maintenues contre tout assaut. Maladroite façon, et lourdement germanique, de fuir les responsabilités personnellement encourues par Hindenburg, par Ludendorff et par leurs subordonnés, tels que le prince Eitel-Frédéric de Hohenzollern et son frère Auguste, dignes rejetons de Guillaume II, le prince et le grand-duc de Hesse, pillards du château de Moyencourt, le général von Fleck, ravageur de Ham, le capitaine Babel, l'officier d'intendance Kum, le major von Uechtritz, le lieutenant Baessler, et tant d'autres, dont les noms, livrés à la vindicte publique par les enquêtes juridiques de nos armées victorieuses, ne sortiront jamais de la mémoire des Français du Nord, du Pas-de-Calais, de l'Aisne, de l'Oise et de la Somme.

A Berlin comme à Chicago, une presse copieusement documentée, abondamment subventionnée, entreprit d'organiser une légende, qui tendait à faire croire aux gogos des deux mondes que les villes de ces départements avaient été transformées en désert par l'artillerie anglo-française, et que l'armée allemande n'abandonnait que des lieux préalablement dévastés. Grossier mensonge ! Impudence énorme ! Cette dévastation méthodique fut l'œuvre préméditée de l'état-major berlinois qui, par une singulière inconscience, dans les mêmes dépêches, se dérobe à ses responsabilités et se vante de ses initiatives.

La grande pensée de cet état-major offrait une ample matière aux doctes professeurs qui, dans les universités et dans les brasseries d'outre-Rhin, employaient à des dissertations stratégiques et tactiques, les interminables loisirs de l'arrière, en attendant une victoire très lente à venir...

— Admirez notre Hindenburg ! disaient-ils, par ordre, à des auditoires de vieux messieurs et de dames âgées. Admirez l'illustre vainqueur.

Ah ! Messieurs les Français, vous allez être traités comme de simples Russes ! Vous ne vous attendiez pas à celle-là, n'est-ce pas ? La grande offensive projetée par l'Entente dans le secteur de la Somme vient d'être bouleversée par la retraite allemande. Les amoncellements d'hommes et de matériel que l'Entente avait constitués pour frapper un grand coup contre les positions allemandes, tout cela ne sert plus à rien. Vive notre Hindenburg ! Désormais l'Entente frappera dans le vide. Il lui faudra transporter toute sa machine de guerre jusqu'aux nouvelles lignes que lui imposera Hindenburg, et que l'ennemi ne connaît pas. Oh ! ces nouvelles lignes ! C'est une merveille. Les positions de notre Hindenburg possèdent tous les réseaux possibles de retranchements. Elles sont hérissées par d'innombrables enchevêtrements de fil de fer barbelé. On y a planté des pieux de bois pointu et des épines de fer aiguisé. Elles sont couvertes par des milliers de batteries. Tous les avantages sont du côté allemand. L'ennemi devra, chaque jour, à toute heure, affronter les dangers inconnus d'un sol dévasté, sur lequel il devra frayer sa route, pas à pas, de piège en piège et de traquenard en traquenard, jusqu'au jour où il viendra buter contre d'inexpugnables retranchements, sous une pluie de fer et de feu, vomie de tous côtés par nos mitrailleuses, par nos *minnenwerfer*, par nos pompes à liquide enflammé, sans compter le bombardement aérien de nos avions et de nos dirigeables. La méthode stratégique de notre Hindenburg est infaillible. N'est-ce pas ainsi qu'il se retira devant Tannenberg, entraînant les Russes vers une catastrophe conçue par lui, préparée par lui dans l'ensemble et dans le détail ? Cette méthode fut reprise, lorsqu'il procéda scientifiquement à l'évacuation de la Pologne, pour attaquer les Russes à Gorlitz ? N'est-ce pas ainsi qu'il a procédé, lorsqu'il a laissé les Roumains envahir les Carpathes et pénétrer en Transylvanie ? De quel geste il les refoula ensuite à travers les montagnes, dans cette campagne foudroyante qui devait aboutir à la conquête de la Roumanie ! Cependant, il ne faut pas s'attendre, cette fois, à des résultats aussi rapides. C'est un ennemi différent. Ce sont des circonstances plus difficiles. Les nouvelles du front occidental font connaître que notre Hindenburg entreprend non seulement une révolution stratégique, mais encore une révolution tactique. Les nouvelles tranchées contre lesquelles il attire l'ennemi ont été construites sur des plans inconnus jusqu'ici. Ces nouvelles positions possèdent tous les avantages nécessaires aux opérations offensives et défensives. La révolution opérée par Hindenburg dans les méthodes de la guerre moderne étonnera le monde. C'est quelque chose de génial. C'est un nouveau miracle de la science allemande.

Ainsi discouraient, à Berlin, dans les universités et dans les brasseries, en déchiffrant des grimoires ou en vidant des chopes, les plus illustres pédants de l'Allemagne belliqueuse. La popularité du maréchal Hindenburg croissait en proportion des ravages exercés par ses ordres sur les territoires, sur les villes, sur les populations du Nord, du Pas-de-Calais, de l'Aisne, de l'Oise et de la Somme. Le correspondant germanophile du *Daily News* de Chicago avait raison sur un point. C'était quelque chose d'inouï dans l'histoire du monde. L'Allemagne trouvait le moyen d'inventer du nouveau en fait de brutalité, de férocité, de dévastations, d'incendies et de carnages. Elle se surpassait elle-même dans l'art de propager le deuil et la désolation, de faire couler le sang et les larmes sur la terre stérilisée et sous le ciel assombri.

En vérité, cette terre parle et se plaint. Ecoutons ce qu'elle dit. Lisons, comme à livre ouvert, la tragédie qui est inscrite ici, sur ce sol labouré par tant de batailles.

Terre française, souvent piétinée, hélas ! envahie, souillée, pendant des années horribles, par les hordes que l'empire germanique aime à soudoyer pour dévaster notre pays de France, la Picardie a vu apparaître, en des jours d'épreuve et d'épouvante, aux coins de ses bois verdoyants, aux détours sinueux de ses routes faciles, aux environs de ses cités industrieuses, sur les bords de ses rivières claires, toutes sortes de figures sinistres, de costumes effrayants et de bandes redoutables : compagnies de routiers, recrutés par les racoleurs du Kaiser Charles-Quint chez les plus farouches Maugrabins de l'Espagne africaine ou parmi les plus enragés cadets du Brandebourg ou de la Poméranie, et s'avançant en masses sombres, au son de leurs fifres aigus, au roulement sourd de leurs énormes tambours de guerre ; reîtres noirs du comte de Schauemburg, pistoliers à cheval, arquebusiers du duc Erich de Brunswick ; lansquenets barbus de Konrad von Bemelberg et de Hilmar von Münchausen ; escadrons et bataillons, piétons et cavaliers mercenaires, loués ou vendus par les landgraves de Hesse, marchands d'hommes, au roi Philippe II, menés par cet exécrable prince à la conquête de Paris, *nach Paris*, et forcés de s'arrêter à Saint-Quentin ; trabans armés de hallebardes saxonnes, plastronnés d'acier, harnachés de buffle, casqués

de fer, empanachés de plumes de héron, gens de
sac et de corde, d'incendie et de rapine, que l'on
vit renouveler en Picardie ce qu'avaient fait les
bourreaux de la Belgique héroïque et martyre, mise
à feu et à sang par les sinistres précurseurs d'un
Bartfeld, d'un Below, d'un Boehn, d'un Bülow, d'un
von Elsa, d'un Ernest de Saxe, d'un Frédéric de
Prusse, d'un Gottberg, d'un von Hausen, d'un
Oscar von Hohenzollern, d'un Jenrich, d'un Kolewe,
d'un Langermann, d'un Manteuffel, d'un Meister,
d'un Pinckhoff, d'un Pritzelwitz, d'un Sixt von Armin,
d'un Albert de Wurtemberg et de tous leurs complices, connus ou inconnus[1].

Laissons-les parler eux-mêmes. Enregistrons l'aveu
allemand des crimes allemands.

Voici comment le correspondant du *Tageblatt*
auprès du grand quartier général des armées allé-
mandes décrivait cette œuvre de dévastation à la
fois méthodique et enthousiaste :

« Le plan général de la retraite fut quelque chose
de merveilleux : chaque détachement savait exac-
tement où il devait se rendre. A chaque colonne on
avait indiqué la route qu'elle devait suivre. Et,
malgré cette immense circulation d'hommes, de
bêtes et de voitures, il ne se produisit aucun embarras, aucun engorgement nulle part, chacun
arrivant à l'heure prévue. Des messagers circulaient
de colonne en colonne, pour faire savoir aux divers
commandements à quelles heures ils devaient partir.

1. Les noms de ces Allemands figurent dans la liste des personnes accusées par la Belgique d'avoir commis des actes contraires
aux lois et coutumes de la guerre, à livrer par l'Allemagne en exécution des articles 228 à 230 du traité de Versailles et du protocole du 28 juin 1919.

En même temps d'énormes camions automobiles
distribuaient aux détachements de pionniers d'im-
menses quantités d'explosifs.

»... Des détachements de sapeurs-mineurs restèrent dans les villes et les villages jusqu'à la dernière minute, pour y achever les destructions.

»... Partout où il fut possible de le faire, on brûla
les maisons plusieurs jours avant l'évacuation. On
fit sauter à la dynamite les murailles que le feu
n'avait pas démolies... Les épais brouillards du
matin et les brumes de l'après-midi permirent de
·brûler les villages sans avoir besoin de se cacher. »

C'est une espèce d'hymne sombre en l'honneur
de l'Allemagne incendiaire et dévastatrice :

«... Pendant la nuit, des villages entiers dispa-
raissent... Les portes et les fenêtres furent arrachées
des maisons avant que celles-ci ne fussent rasées
du sol... Chaque nuit, des convois d'artillerie se
déroulaient en longues chaînes, suivis d'interminables files de soldats silencieux, en uniformes gris.
Lorsque le dernier canon avait passé, une forte
explosion retentissait ; routes et ponts disparais-
saient... Quelques petits détachements, armés de
mitrailleuses, demeurèrent en arrière, donnant à
l'ennemi l'illusion que la guerre de tranchées con-
tinuait. Les Anglais se laissèrent prendre à ce piège ;
souvent l'artillerie lourde anglaise bombarda ce
qui n'était plus qu'un espace désert. A dix ou
quinze kilomètres en arrière, dans leurs nouvelles
positions, les Allemands riaient sous cape, en lisant
les communiqués anglais où il était question de
l'explosion de dépôts allemands de munitions, causée
par l'infaillibilité du tir de l'artillerie anglaise. Ils
comprenaient qu'un autre village venait d'être rasé,

qu'un autre pont avait sauté, et que les habiles sapeurs allemands accomplissaient leur œuvre. »

Un autre historiographe des hauts faits du Kaiser, d'Hindenburg et de Ludendorff, le romancier viennois Karl Rosner, glorifie cette prouesse en termes enthousiastes, dans le *Lokal Anzeiger* du 20 mars 1917 :

« Des bois il ne reste plus que les souches. Les puits ont été détruits. Devant nos positions s'étend une zone qui est le véritable domaine de la mort. » Un soldat allemand décrit ainsi le repli sur la route de Rouy à Saint-Quentin : « Lorsque nous nous sommes repliés, j'ai constaté que tous les villages par lesquels nous sommes passés étaient détruits par le feu. L'incendie durait encore. *Tout a été fait par ordre* ; un soldat allemand ne fait rien sans ordre... J'estime, personnellement, que cela est indigne d'un soldat. » Un autre nous dit que « tout le terrain est nivelé ; les arbres, buissons et maisons sont incendiés. Et, au besoin, on fait sauter tout. Le plan Hindenburg réussira-t-il ? » Et le témoin ajoute, non sans mélancolie : « Le Français n'est pas le Russe. Tout ce que nous démolissons se chiffre par milliers. C'est une éternelle infamie pour l'Allemagne. »

Combles.

XII

DERNIÈRES ÉTAPES EN PAYS DÉVASTÉ

Octobre 1917.

Nous sortons d'Amiens par le faubourg Saint-Pierre, et nous suivons la route nationale qui, par Albert et Bapaume, se dirige vers Cambrai. Cette route, en ligne droite, comme tirée au cordeau, traverse les tourbières de Querrieu, en longeant des bonneteries, des briqueteries, franchit la vallée crayeuse de l'Hallue, rivièrette qui, après un cours de seize kilomètres, alimenté par une série de petits étangs et de fraîches fontaines, se perd dans la Somme en aval de Corbie. Un village de cinq cents âmes, construit autour du pont de l'Hallue, se nomme Pont-Noyelles et rappelle des souvenirs de 1870, les journées des 23 et 24 décembre de l'Année terrible, où la Ire armée allemande, sous les ordres de Manteuffel, attaqua notre armée du Nord, commandée par Faidherbe. L'ennemi est revenu à Pont-Noyelles, dès le 30 août 1914. On sait ce qu'il y a fait, dès sa première entrée en pays envahi.

La route se rapproche de la vallée de l'Ancre, et débouche au chef-lieu du canton d'Albert, dans l'arrondissement de Péronne.

G. DESCHAMPS.

7

Albert était, avant la nouvelle invasion des Barbares d'outre-Rhin, une florissante cité que faisaient
vivre les ressources d'une agriculture prospère,
d'une industrie active et d'un commerce rémunéra-
teur. On conçoit trop aisément ce que sont devenues les filatures d'Albert, ses forges, ses aciéries,
ses fonderies de fer, ses manufactures de limes et
de râpes, ses fabriques de machines-outils pour le
travail des métaux, ses manufactures de vannerie
et de boissellerie, ses exploitations agricoles.

Sous la pluie d'automne, qui ruisselle sur les
ruines, court en torrents, dégouline par les cani-
veaux et s'amasse, au fond des ornières, en flaques
boueuses qui giclent sous les roues des camions
automobiles, l'aspect de cette cité-squelette est
lugubre. Je vois une grande église de brique rose.
C'est le sanctuaire de Notre-Dame de Brébières, un lieu
de pèlerinage qui attire, depuis plusieurs siècles,
d'innombrables multitudes de fidèles. Au sommet du
clocher, voici la statue en cuivre martelé, qui jadis
brillait au soleil et dominait de son étincellement
toute l'étendue de la contrée picarde à plus de dix
lieues à la ronde. Cette statue se penche, comme
en détresse... Tout le canton d'Albert est ravagé.
Les champs, autour des ruines de Contalmaison, de
Bazentin, de Thiepval, sont bouleversés comme
s'ils avaient été secoués par une éruption volca-
nique. Les entonnoirs, multipliés par l'éclatement
des obus énormes, donnent au sol un aspect cre-
vassé, tourmenté, comme tordu par la rafale de
fer et de feu, qui, s'abattant en trombe sur ce pays
naguère fertile, l'a frappé de stérilité.

Sur le territoire d'Ovillers-la-Boisselle, dont les
trois cents habitants ne retrouveraient pas une

seule de leurs maisons debout, on nous montre, à gauche de la route de Bapaume, un vaste cratère, creusé par l'explosion d'un fourneau de mine, au moment où les troupes britanniques ont prononcé leur offensive du 2 juillet 1916, entre l'Ancre et la Somme.

Les puissantes contre-attaques de l'ennemi ont déchaîné sur les communes voisines de la route d'Albert à Bapaume un tel bombardement que, de la plupart des communes, il ne reste pas pierre sur pierre. Pozières a disparu. De cette localité d'environ trois cents habitants, on ne reconnaît la place qu'à une interruption dans la ligne des peupliers qui bordaient la route, et qui eux-mêmes ne sont plus que des souches desséchées.

Un peu plus loin, une autre interruption béante dans l'étendue des terres dévastées marque l'emplacement d'un moulin à vent qui dominait le plateau à l'endroit où la route redescend vers Bapaume. Dès le mois d'août 1916, Courcelette, commune agricole et industrielle, n'était déjà plus qu'un amas de ruines informes. L'importante sucrerie de MM. Bulté, Gonse et C^{io} n'a laissé sur place qu'un inextricable fouillis de ferrailles rouillées.

Entre Courcelette et Martinpuich, il n'y a plus rien qu'une vaste solitude où quelques arbres morts dressent, çà et là, leur silhouette déchiquetée par les obus. C'est que de nombreux et violents combats ont été soutenus, dans cette zone, notamment par les Néo-Zélandais et par les Canadiens-Français, contre les Allemands formidablement retranchés, barricadés dans les villages, parmi des postes de mitrailleuses, avec des canons de tous calibres, derrière les complications défensives d'un réseau de fil de fer barbelé. Attaques et contre-attaques ont, pour ainsi dire, pulvérisé les maisons, broyé le terrain, par un martèlement qui dura des mois, des années.

Rappelant ces journées terribles, un officier de l'armée britannique, le capitaine Lanctot, Canadien-Français, s'exprime ainsi dans une lettre digne de mémoire :

« Avant la guerre, Courcelette était un modeste village de France, maisons de pierres grises, toits de tuiles rouges, groupé au creux d'un vallon, au milieu de verdures en fleurs. Aujourd'hui, c'est une ruine irreconnaissable ; sous les rafales de fer et d'acier, les maisons se sont écroulées, les murs ont été pulvérisés, les pommiers abattus et dispersés en débris. Rien n'est resté debout. Le sol lui-même, fouillé par d'innombrables obus, a perdu son ancienne forme. Percé, bosselé, il se présente aux regards étonnés, comme un paysage lunaire... Là, dans le travail et la paix, ont vécu des hommes, des femmes, des enfants, et le soleil était joyeux dans les branches. Soudain est venue la guerre allemande, injuste et brutale, qui les a chassés, la guerre boche, qui vole, qui viole et qui mutile... Maintenant là dorment ensevelis des hommes au souvenir tenace, venus d'outre-mer au secours de la mère ancienne, des hommes plus grands que la mort et plus forts que la barbarie germanique, soldats qui combattaient avec des armes anglaises, mais avec du sang français, et qui tombèrent victorieux, aimant leur patrie jusqu'à lui donner leur vie, défendant ses libertés politiques et sa civilisation, et délivrant du joug infâme un coin de terre ancestrale et française. A ces hommes soyons recon-

naissants de leur courage et de leur dévouement.
De ces hommes soyons fiers pour leur patriotisme
et leur gloire. A. nos héros dressons des statues
dans nos cœurs et dans nos villes, car ce sont des
fils de notre race, les Canadiens-Français ! »

Ainsi s'exprime le capitaine Lanctot, rendant
compte de la prise de Courcelette par les Canadiens-Français du lieutenant-colonel Tremblay,
ayant sous ses ordres les capitaines Languedoc,
Beausset, Lefebvre, Chaballe, Danséreau, les
majors Renaud et Fillatrault, les lieutenants Lavoie,
Falardeau, Routier, Greffard, Lecompte. Les noms
de ces vaillants officiers, venus de la province de
Québec et des bords lointains du Saint-Laurent,
suffisent à indiquer la parenté qui unit les descen-
dants des vieux laboureurs de la Nouvelle-France à
nos provinces françaises. Honneur à ces braves,
qui sont les dignes frères d'armes des combattants
de l'armée française !

Sur cette route historique d'Albert à Bapaume,
quelques gisements de charpentes effondrées indi-
quent sous le ciel bas, dans le désert noyé de pluie,
l'emplacement des villages anéantis. Je vois un
tank chaviré, qui embourbe dans la glèbe limoneuse
à sous-sol de craie sa carcasse désarticulée. Les
arbres morts sont tordus, crispés. Aux environs
d'Authuile, de Grandcourt, de Miraumont, de Gue-
decourt, de Longueval et de la plupart des localités
du canton de Combles, on voit des croix de bois,
indiquant çà et là, dans cette désolation totale, la
place où reposent les soldats canadiens, tombés au
champ d'honneur. Une borne tronquée jalonne
encore, isolément, cette route autrefois accoutumée
au va-et-vient d'un roulage sans cesse activé par

l'industrie et par le commerce de la Picardie laborieuse et de l'Artois travailleur. On lit sur cette borne, située aux confins de la Somme et du Pas-de-Calais, on lit ces mots : *Arras, 26 kilomètres...*

C'étaient des cités pleines de gens et d'affaires, commodément établies dans un bon pays, sur des voies favorables à toutes les sortes d'honnête négoce et d'heureux trafic. Maintenant, du haut de la butte crayeuse de Warlencourt, on n'aperçoit qu'une perspective de solitudes mornes, s'étendant à perte de vue vers des lointains qui s'effacent dans la brume et dans la fumée : vaste champ de bataille, dont cette butte est un des observatoires, et où le regard peut suivre d'échelon en échelon, comme sur une carte stratégique en relief, les étapes de l'avance victorieuse qui détermina, en 1917, l'évacuation de Bapaume par les Allemands.

La route de Bapaume à Péronne traverse un champ de bataille jalonné par des noms rendus célèbres par les communiqués de la grande guerre, notamment par les opérations qui ont marqué les mémorables journées de juillet, d'août et de septembre 1916. A cette époque, les noms de Sailly-Saillisel, de Montauban, de Maurepas, de Bouchavesnes, de Cléry furent signalés à l'attention publique par les succès de nos troupes, notamment de notre VI° armée, commandée par le général Fayolle. Sur tout le front de la Somme, au nord et au sud de la rivière, l'armée française, en liaison avec l'armée britannique, repoussait l'ennemi. Qui ne se souvient des exploits historiques et légendaires, alors accomplis au bois d'Anderlu, au bois Reinette, à la ferme de l'Hôpital, au village de Rancourt, par des régiments d'élite que commandaient

les colonels Abbat et Chardenet, tombés tous deux,
le même jour, au champ d'honneur?... Hélas! cette
vaste plaine déserte n'est plus peuplée que par les
croix de bois qui se dressent, innombrables, jusqu'au bout de l'horizon, dans cette solitude où la
tristesse d'un deuil inconsolé se mêle à des visions
d'immortelle gloire. Est-il besoin de dire en quels
sentiments de piété patriotique et en quel esprit de
commémoration recueillie nous avons traversé ce
cimetière plein de rayons et d'ombres ? Austère et
doux pèlerinage, qu'il faudra refaire, plus tard, en
s'arrêtant devant toutes les tombes éparses sur
cette terre dévastée, afin d'apercevoir en images
vivantes un tableau d'héroïsme que nos historiens
et nos poètes, non moins que nos peintres, auront
le devoir de fixer et d'immortaliser, pour l'honneur
de la France et pour l'émerveillement de la·plus
lointaine postérité.

Toute cette région, au moment de notre passage,
fait partie de la zone des armées britanniques. Chemin
faisant, nous croisons des uniformes *khaki*, des
faces rasées de soldats anglais, calmes et graves.
Un régiment passe, revenant des tranchées. Les
hommes, dans cette solitude, sont aussi impeccable-
ment corrects que s'ils défilaient sur la chaussée de
Regent-Street ou de Piccadilly. La cadence des
tambours, mêlée à la vive musique des fifres,
rythme l'allure solide et sérieuse de ces braves soldats, qu'une ruée de l'ennemi a pu surprendre,
mais qui, selon la noble parole de leur illustre
chef, sir Douglas Haig, se feraient tuer jusqu'au dernier, plutôt que de renoncer à une lutte où ils com-
battent fraternellement, côte à côte, avec leurs
camarades français.

Des hauteurs du mont Saint-Quentin, où nos ancêtres, voilà plus de quatre siècles, ont déjà vu camper d'autres Boches qui ont fini par s'en aller, nous dominons un champ de bataille où les troupes françaises, notamment le 20ᵉ corps d'armée et le 1ᵉʳ corps colonial, ont pu, dans les onze premiers jours du mois de juillet 1916, percer les lignes ennemies, enlever aux Allemands 80 kilomètres carrés d'organisations de tous genres : tranchées, villages fortifiés, carrières pareilles à des forteresses, bois transformés en réduits, plus de quatre-vingts canons, une centaine de mitrailleuses, plus de douze mille prisonniers, dont deux cent trente-cinq officiers. Au delà du cours sinueux de la Somme, dont l'eau miroite doucement dans le paysage voilé de brume et rayé de pluie, voici, en face du faubourg de Sainte-Radégonde, l'importante position de Biaches, enlevée, le 10 juillet 1916, par notre 164ᵉ régiment d'infanterie ; le château de la Maisonnette, Flaucourt, où le capitaine Dubuisson et le lieutenant Cervoni, avec une vingtaine d'hommes du 23ᵉ colonial, capturèrent, le 3 juillet, cent trente Allemands.

L'adjoint au maire de Péronne nous retrace, en termes sobres et véridiques, les souffrances endurées au cours de plusieurs occupations successives, par la noble cité qui a mérité de porter dans ses armoiries la croix de la Légion d'honneur. C'est en vain que les Allemands ont essayé d'effacer le souvenir d'un glorieux passé, en emportant la statue de Marie Fouret, qui fut l'héroïne du siège fameux de 1536. Ce souvenir, pénible pour l'orgueil germanique, a sans doute surexcité contre Péronne la haine d'un ennemi qui a la mémoire tenace. La fureur allemande s'est acharnée sur l'hôtel de ville de Péronne, beau monument de la Renaissance et du xviii° siècle, sauvagement ravagé. Apparemment fiers de leur besogne, les incendiaires et les démolisseurs, avant de s'en aller, accrochèrent aux murailles effondrées un large panneau de bois, portant cette inscription en caractères énormes : *Nicht aergern, nur wundern* (Ne pas se fâcher, admirer seulement!)

Sortant de Péronne par le faubourg de Bretagne, nous traversons Doingt-Flamicourt, grosse commune, qui comptait, avant la guerre, plus de douze cents habitants, et où la population a été victime de vexations constatées par les procès-verbaux de la Commission d'enquête que présida M. Payelle, premier président de la Cour des Comptes. Nous entrons dans le canton de Ham par le territoire des communes d'Athies et d'Ennemain. A Falvy, destruction complète. Pargny est un peu moins démoli : douze habitants, sur deux cent seize, avaient pu y revenir, à la date du 20 juin 1917. Nous traversons la Somme et le canal entre Morchain et Béthencourt, complètement détruits. Nous passons à Mesnil-Saint-Nicaise, dont les habitants furent rançonnés, et nous arrivons à Nesle par le faubourg Saint-Nicolas.

A Nesle, M. le sénateur Cauvin, conseiller général du canton de Boves, nous accueille et nous renseigne. Les Allemands ont occupé Nesle depuis le 29 août 1914 jusqu'au mois de mars 1917. Ils y ont commis les pires violences, attestées notamment par une déposition reçue par M. Busque, commissaire spécial de la police des chemins de fer à Amiens, et transmise à la commission d'enquête. Après avoir interdit d'abord, très strictement, l'exode de la population, ils procédèrent à des expulsions partielles, sous prétexte qu'ils avaient trop de bouches à nourrir. C'est ainsi que, le 25 avril 1915, ils évacuèrent de Nesle une cinquantaine de femmes, toutes mères de famille, qui ne savaient plus comment pourvoir à la subsistance ni à l'entretien de leurs enfants, et qu'ils laissèrent errer en lamentables convois sur les routes désertes. Ils incendièrent l'usine à gaz. Ils mirent le feu également à la fabrique de produits chimiques, à la malterie Tabary-Lefebvre. Les officiers qui logeaient chez le Dr Braillon firent couper par leurs ordonnances, dans le jardin du docteur, quatre-vingt-dix poiriers et autant de pieds de vigne. Telle fut leur façon de prendre congé de leur hôte, sans compter le reste. L'exemple venait de haut. A Nesle, le général Hahn, commandant la 35e division, fit enlever par des camions automobiles et transporter en Allemagne le mobilier de la maison qu'il habitait. C'est apparemment la manière germanique de laisser sa carte de visite et de prendre congé d'un hôte. La manière française est tout autre, si l'on en croit le témoignage des Allemands eux-mêmes, puisque Gœthe raconte, en ses Mémoires, qu'un gentilhomme français, M. de Thorenc, lieutenant du roi de France, logé, à Francfort, chez l'habitant, défendait à ses plantons de fixer des cartes au mur avec des épingles, afin d'éviter tout dommage.

Nous repartons dans la direction de Ham, à travers une brousse désolée. Rien n'est plus triste que ces pâturages sans troupeaux, ces labours sans laboureurs, ce pays sans paysans. Que d'efforts il faudra coordonner pour défricher ces champs incultes et reboiser ces sites dénudés !...

Notre émouvant voyage touche à sa fin. La nuit

tombe sur la grande route de Roye, sur ce sol limoneux et riche du Santerre où, depuis plus de vingt siècles, le soc de la charrue creuse profondément le sillon propice aux semailles. Sur cette terre fertile et régulièrement cultivée, il y avait des villages heureux, avec de jolis noms, bien français. Et maintenant, après la rafale de mort, personne ici n'a perdu l'espérance du renouveau ni la certitude des renaissances.

Avril 1918.

Visite à Amiens, avec des officiers de l'armée britannique. Les événements du 21 mars ont ramené les Boches sur la route d'Albert, que l'envahisseur a repris. Amiens est sous le bombardement. Il a fallu procéder à l'évacuation des habitants. Rien de plus saisissant que la vue de cette cité déserte, de ces habitations sans habitants, de ces rues vides, de ces places sans passants, de ces jardins sans promeneurs, un vaste silence pèse comme un linceul sur les maisons fermées, abandonnées. De temps en temps, l'éclatement d'un obus rompt brusquement ce silence et secoue la morne atonie de cette ville dépeuplée, qui semble morte. Au-dessus des toits, qui n'abritent plus personne, la cathédrale élève magnifiquement ses tours, qui semblent braver les récidives d'une barbarie toujours prête à un recommencement de vandalisme. Jamais le chef-d'œuvre de Robert de Luzarches ne m'a paru plus digne d'admiration et de respect. J'ai vu cette cathédrale souvent, au cours de la guerre. C'est maintenant qu'elle m'apparaît dans toute sa beauté menacée, superbement hautaine, opposant aux risques multipliés par un ennemi féroce la magnificence de son immortel défi. Pour la préserver, on a cuirassé d'une armature de sacs à terre les sculptures précieuses de sa façade. Ainsi défendue contre les obus sacrilèges, elle n'a reçu que des blessures légères. La Picardie n'aura pas à déplorer, comme la Champagne, l'irréparable mutilation de sa basilique métropolitaine.

Après une halte à Bertangles, au château du marquis de Clermont-Tonnerre, où se trouve le quartier général du corps australien, halte sur les hauteurs de Lahoussoye, pour voir Corbie, dans le fond d'une vallée déserte où flotte la brume d'un printemps voilé. Corbie est déserte. Pas un seul habitant n'a pu rester, tant le bombardement est intense.

— Les obus toxiques pleuvent souvent dans ces parages, me dit avec un flegme admirable, le colonel Veling, officier français, en mission au quartier général britannique.

Et sans se soucier davantage de ce que peuvent faire, à nos dépens, les batteries ennemies, masquées par les replis d'une terre dévastée, bouleversée, mon vaillant compagnon m'explique les opérations qui, en dégageant Villers-Bretonneux, ont obligé les Boches à s'arrêter dans leur avance sur Amiens.

Octobre 1918.

Montdidier n'existe plus. A la place de l'aimable et industrieuse cité où vécut paisiblement Jacques Parmentier, inventeur de la pomme de terre, il n'y a plus que des débris épars, un amoncellement de décombres informes. L'inoffensive gloire de l'homme débonnaire qui dota l'humanité d'un tubercule nourrissant et peu coûteux, n'a pas trouvé grâce devant les Boches. La statue de Jacques Parmentier a disparu de son piédestal. Les envahisseurs l'ont emportée, pour en faire de la mitraille.

De l'église du Saint-Sépulcre, dont les fonts baptismaux étaient un chef-d'œuvre de l'art sculptural de la Renaissance française, il ne reste plus rien que des pierrailles effondrées, émiettées, presque réduites en poussière. L'église Saint-Pierre, qui contenait le tombeau de Raoul le Vaillant, comte de Crépy et de Montdidier, est à peu près anéantie. Pour reconstruire cette cité, il faudrait entreprendre d'abord un long et difficile travail de déblaiement. Peut-être vaudra-t-il mieux la rebâtir à côté des ruines, et refaire une ville entièrement neuve.

Personne dans cette solitude, excepté un soldat territorial, qui va et vient, comme en quête d'un objet perdu, parmi l'amas de gravats qui fut une rue passante et commerçante. A une question amicale, il répond, d'une voix que la douleur n'a pas encore brisée.

— Je suis de Chaulnes. Je cherche la maison de ma sœur, qui avait un petit magasin de mercerie à Montdidier.

— Où est maintenant votre sœur ?

— Je ne sais pas. D'ailleurs, j'aime presque mieux ne pas le savoir.

— Et pourquoi ?

— Parce que, si je le savais, je serais obligé de lui dire que nos parents sont morts, tués par les Boches.

*
* *

Et voilà ce qu'ont fait de notre Picardie martyre,

de ces villes tranquilles et ouvrières, de ces villages agricoles, de ces populations paisibles, de ces humbles gens de métier, qui avaient mérité de vivre en sécurité, à l'abri des invasions, des incendies et des carnages, les exécuteurs des basses œuvres de S. M. Guillaume II, empereur allemand, roi de Prusse.

Le Kaiser maudit rejoint dans l'exécration universelle, au ban de l'humanité civilisée, ses ancêtres qui sont venus, dans ce même pays de France, donner le détestable exemple des crimes monstrueux qu'il a commis. De ces crimes, nous avons un aveu signé de sa main, dans la lettre de félicitations qu'il adressa, de son cabinet, et sous le sceau de ses armes, à Hindenburg et à Ludendorff, pour remercier ses deux lieutenants d'avoir dévasté, *par son ordre*, notre Picardie française et particulièrement les rives de la Somme.

De cet aveu, confié à des complices de marque, par l'auteur principal des atrocités dont la France est encore blessée et meurtrie, il faut se souvenir sans cesse pour ne point se lasser de réclamer les réparations nécessaires et les justes indemnités.

TABLE DES MATIERES

ÉVREUX, IMPRIMERIE CH. HÉRISSEY (2-1921)

La Collection « **La France Dévastée** »
*paraît sous le patronage du Comité France-Amérique
et du Touring-Club de France.*

www.ingramcontent.com/pod-product-compliance
Ingram Content Group UK Ltd.
Pitfield, Milton Keynes, MK11 3LW, UK
UKHW022045070726
13613UKWH00002B/683